Political Economy of TAIWAN

臺灣政治經濟學

如何面對全球化與中美海陸爭霸的衝擊？

蕭全政——著

Preface
自序

　　解除戒嚴前的 1985 年秋天，筆者因應學生的要求，開始在臺灣大學政治學研究所碩士班，講授政治經濟學。鑑於上課教材的難得與學生感覺上的難懂，我個人曾私下發願寫一本深入淺出、人人能懂的政治經濟學；然而，大約 20 年前，筆者就逐漸放棄了這個心念，因為隨著年歲的增長，我個人越來越確信：政治經濟學也許可以寫得深入淺出，但卻永遠不可能是人人能懂。

　　其根本原因在於，政治經濟學除了像主流社會科學傳統所強調的是一種社會科學理論外，又隱含相關行為者特定的生命哲學（或說人生觀）和歷史變動哲學（或說歷史觀）；後兩者對於每個人而言，其內涵並非都是相同，甚至可能具有本質上的截然差異，尤其因為每個人在生命哲學和歷史變動哲學上的差異，更可能進而連所謂的社會科學理論部分，亦出現非常不同的認知。因此，我個人深信：政治經濟學根本不可能是「放諸四海而皆準」，也不能期待人人都能懂！

　　本書以「臺灣政治經濟學」為名，其目的無非是希望本書所強調的政治經濟學，能適用於分析臺灣本土的特性與需要；所以如此，完全是出於個人生於斯、長於斯，而且從小

到大，都深受這塊土地的孕育。筆者出生、成長於 1950 年代臺南縣八掌溪邊的典型農村；在嘉義完成大部分的中學教育；然後隻身轉學、寄居於臺北，完成未竟的高中生涯，並於 1973 年進入臺灣大學經濟學系就讀。1978 年，由於興趣上的轉向，筆者考進臺灣大學政治學研究所碩士班；1980 年，因獲得教育部公費留考公共政策學門獎學金，而負笈美國費城的賓夕法尼亞大學（University of Pennsylvania），主修公共政策分析；直到 1984 年完成學業後，才又回到臺灣大學政治學系任教。農村的成長背景和迂迴的就學經驗，使我個人的生活長處於顛覆困頓中，卻也促成筆者對於主流社會科學的深刻體會和徹底反省，並因而導致對政治經濟學的特定看法。

　　1950 年代至 1980 年代，正是現代臺灣遭逢最激烈政治經濟社會文化變遷的時期：從土地改革到農會改組、從進口替代到出口導向工業化政策、從退出聯合國到彈性外交、從石油危機到十大建設等，這時期的臺灣，曾先後分別在不同層面上，烙下各種深刻、鮮明的政經轉折標記。其中，特別是工業與農業的不同發展、城市與鄉村的明顯差距、都市與農村的強烈對照，已開發國家和開發中國家的鮮明對比，及國際孤立與開拓國際生存空間的強大壓力等，都在在反映且突顯臺灣在此時期所面臨的激烈政經社文變遷和衝擊。我個人的求學生涯，包括從農村到城鎮、從城鎮到都市，再從都市到國際大都會，每個階段都直接經歷而且見證了臺灣所歷

經和面對的複雜變遷與差異；而在每個不同階段中，我個人亦不斷嘗試用不同的學科理論，企圖去解釋這些複雜的變遷和差異。

在個人的就學過程中，相對於學術殿堂中理論世界的乾淨俐落、條理分明，這些涉及當代臺灣政經社文變遷的複雜現象與經驗，曾為筆者帶來刻骨銘心的困惑、迷亂與挫敗。例如，大學時代我個人所主修的經濟學，一再的強調：人是理性的、人是自利的、市場是最能有效利用資源的一種方式。但是，從我個人所認知的經驗看，假如人真的是理性、自利的，為何那麼多兒時同窗初中畢業後就放棄了升學，而去當女工，甚至混黑道？其次，假如市場真的是利用資源的一種最有效方式，那麼我個人所熟知的那些農民們，為何都必須用稻穀和糧食局換取他們所需要的肥料，並以稻穀向政府繳交田賦，而且經常必須在新穀初上市、價格最便宜的時候，賣掉剛收割的稻穀？另外，假如市場真的是最能有效利用資源的方式，政府為何必須制訂諸多的經濟性干預政策，而且臺灣為何會退出聯合國，並因而遭遇國際上嚴重的政治和經濟孤立？

這一類的困惑、矛盾實在太多，但我個人卻一直無法從學院的訓練中，找到具有足夠說服力的答案；其中，還包括為了找尋答案，而在研究所時代轉換大學時期的主修領域。然而，由於不斷的探索、推敲、比對、思辨，筆者逐漸地了解到一個更為深層的問題：原來人因為學院中的教育而形塑

的「腦袋」，竟然可能和實際生活中不斷流轉的「腳跟」，呈現分離、脫節的現象……「腳跟」是隨著當事人實存上的生計、生活、生存及生命上的需要，不斷的奔波流轉，而且必須踩在反映時空一再變化的相關實地上，但「腦袋」卻可以是超越時空、漫無邊際的遊蕩在虛擬中；學術殿堂確實可能相對地孤立於實存的生活世界，而且對殿堂中人形塑出一種與其實存生活相關性不大的思維模式。人的思維與存在之間，的確可能出現脫節、斷裂的現象，只是要如何重新妥善連結此兩者，卻是一件足以讓人精神錯亂的事情！

從臺大經濟學系、臺大政治學研究所，以至於美國賓夕法尼亞大學華頓學院（Wharton School）的公共政策與管理研究所，我個人遭遇了很多類似的、「腦袋」與「腳跟」間不能銜接的挫敗經驗。在過去的就學過程中，整體而言，面對強調經濟學是一種科學、政治學是一種科學，公共政策分析也是一種科學的學術殿堂，我個人所經歷與認知的那些複雜政經社文變遷，顯然證明了市場經濟沒有那麼萬能、民主政治也沒那麼理想，而科學的公共政策分析，更經常是束手無策。

筆者始終難以充分被學術殿堂中宣稱屬於科學的理論與模型說服，以致於不斷的轉換主修領域；但是，最後顯然還是難逃一個漂泊靈魂的宿命，而像孤野遊魂般的不斷漂蕩於主流社會科學的門牆之外。筆者終究無法相信：這些學科都可以是一種放諸四海而皆準，而且都能觀察、分析、解釋、

預測，甚至控制這些複雜政經社文變遷的科學；1980 年代中期後，臺灣所面臨的劇烈內外政經社文變遷，包括經濟的自由化與國際化、解除戒嚴與終止戡亂、兩岸之間的對抗與和解等，都更強化了我個人的這種信念。

社會科學要真的做為一種能幫助人們觀察、分析、解釋、預測，甚至是控制社會現象的學術領域，必須回到包含主體與客體及其間之相互關聯的實存社會與其歷史變遷，而不能只留於形式化、一般化的抽象理論層次；但是，要讓社會科學回到實存的社會及其歷史變遷，我們需要新的社會科學觀，我們也需要新的社會科學理論，而且更需要能支撐這些社會科學觀與社會科學理論的社會科學哲學。此三者的結合，才能展現一套具有活力的社會科學。

為此，在架構和內容上，本書基本上分成兩篇，其第一篇，從第一章到第七章，事實上即希望能透過與當前主流政治學、經濟學和政治經濟學傳統的對話，而突顯一套強調「智慧性政治經濟學」的新社會科學理論。其次，在讓政治經濟學回到實存社會、歷史的前提下，本書的第二篇，即第八章到第十一章，就是要探討全球化與中美海陸爭霸兩大政經趨勢與力量對臺灣的衝擊；它們都可能直接影響臺灣的生存與發展。其中，第八章要先鋪陳臺灣所身處和面對的全球化潮流之發展與轉折，而第九章和第十章則分別觀照臺灣在此潮流下所推動的政府組織改造和文官體制的改革；而最後一章，第十一章，就是要鋪陳在決定台灣未來命運上，看來

似乎遠比時下的藍綠對抗、統獨之爭更屬重要的區域內海陸爭霸格局。亞太地區的海陸爭霸事實上早已存在，而且都一直影響臺灣的政經變遷；但是自 2013 年，習近平開始推動「一帶一路倡議」及川普於 2017 年跟著推動「印太戰略」之後，臺灣的生存與發展，顯然又將深受此海陸爭霸形勢的發展所影響，甚至決定。

寫出一本有助於國人思考其自身或臺灣相關問題的政治經濟學，一直是我個人終生最大的願望；但是，其中隱含著並非每個人都能了解的極高難度。朱銘先生曾說，「藝術創作不是靠學習或訓練，而是靠修煉」；若從這個角度看，學術和藝術之間，其實存在著重要的共同特點。譬如，每一件成功的學術或藝術作品，都反映著創作者的生命特質；藝術作品之所以感人，在於創作者所傳達的某些生命特質，能引起鑑賞者的共振、共鳴和感動，而學術作品亦復如是。在藝術上，我們知道，曾有多少畫家都希望能在方寸之間充分展現出一望無際，但是又有幾家能夠？其能與不能的決定性因素，顯然即存在於創作者的生命特質之中；而唯有靠修煉，才能純化具極度藝術原創特質的生命。

另方面，在學術上，要能寫出真正感人的政治經濟學，根據個人的認知，其作者顯然也必須先經歷人生諸多的淬煉，尤其是必須遍歷整個人類歷史與社會的坎坷命運；這對筆者而言，顯然仍是可望卻不可及的境界。不過，一公噸的砂金只要能提煉出二十八公克的純金，就有商業上的開採價

值；只是要提煉到接近二十八公克的純度，卻是最稱費力。筆者雖然已經花費超過 35 年的時間教研政治經濟學，然而卻因為生命的粗疏與歷練的不足，致使本書之罅漏缺失在所難免；但願各方賢達能不吝指正，好讓本書或許也能有漸近於更高純度的機會。

蕭全政

誌於考試院　傳賢樓 802 室

2020 年 3 月 7 日

第 1 章

Political Economy
of Taiwan

緒論

Introduction

導論

　　為讓本書所強調的「臺灣政治經濟學」能展現為一套具有活力的社會科學理論，本章的緒論將先討論三組相互對照的概念或名詞，以為本書基本定性和定位的基礎，也可作為與當前主流政治學、經濟學或政治經濟學相互比較時的根據。其中，第一組概念是知識 vs. 智慧；其次，是腦袋世界 vs. 腳跟天下；第三組則是知識性的政治經濟學 vs. 智慧性的政治經濟學。

知識 vs. 智慧

▼

　　知識與智慧這兩個概念看來非常相似，但其實兩者之間存在著非常大的差異；這種差異，對本書的基本理論鋪陳，將具有極為關鍵的重要性。

　　若要以最簡單、最極端的方式來區別兩者，知識是「不變」的，或說是「死」的；而智慧則是「變」的，或說是「活」的。基本上，知識是「不變」的，即指它不因時間、空間、人、事、物等的變化而變化，所以，也可視為是「死」的；相對而言，智慧則是不斷在「變」的，即會因時間、空間、人、事、物等的變化而變化，所以，也可稱為是「活」的。

　　其次，知識具有是非對錯，而這種是非對錯，也是固定不變，而且具有超越時間、空間、人、事、物等的特性。這種固定不變，對相關行為者而言，經常表現出是一種自身之外、與自己不直接相關而疏離的現象，甚至因疏離而完全沒有感覺。相對而言，對相關行為者而言，智慧卻具有特定的針對性，即針對特定行為者（actor），在特定的時空場域，涉及特定的事務或經驗時，能使特定行為者展現各種感覺，甚至激起共振、共鳴或感動的現象；基本上，它不強調是非對錯，但卻強調特定行為者在因應特定時、空、人、事、物

情境下的妥當性或合宜性。因此，從實存上看，智慧之所以能讓行為者有所感覺，甚至激起共振、共鳴或感動，經常是因為它們可以與行為者實存生活中的各種情境相連結，而且有助於該行為者在實存生活中解決其生計、生活、生存與生命上的問題。

由於知識和智慧的屬性不同，因此，若從重視是非對錯的知識角度看，有時候看來妥當、合宜的智慧，其實卻可能是錯的，或不合邏輯的。例如，一般人常說的，「四兩撥千斤」，或「樹大不招風」，都可能在形容特定行為者，在特定時、空、人、事、物情況下，展現或做出妥當、合宜的智慧行為，但從知識的角度看，卻根本都是違反一般的物理原理。

另外，還有一個有趣的例子。在東京，離日本眾議院不遠的憲政紀念館，專門蒐羅、典藏，並展示有關日本的憲政歷史、國會運營的變遷，及憲政功臣們的事蹟或資料。筆者曾在 1989 年參觀該館，並看到該館典藏有安倍晉太郎的一幅字，「春風貫鐵牆」。這幅字寫得非常棒，但如何鑑賞，卻顯然是一個更為有趣的問題。若從知識的角度看，這根本就是一句不合邏輯的日本話，因為不要說是鐵牆，就算是磚牆、木牆、土牆，甚至連日本最常見的紙牆，春風也都不可能貫穿，那又何來貫鐵牆？但是，若從智慧的角度看，其含義就可能變得非常多元。有人可能會聯想到滴水穿石，有人會想到以柔克剛，或伸手不打笑臉人等等，但是，如果僅限

於這些，那這幅字又怎會供在憲政紀念館，以表彰安倍對於日本憲政發展的貢獻呢？以一個曾長期擔任日本眾議員而且歷任過內閣的農林大臣、內閣官房長官、通產大臣，以及外務大臣的安倍而言，這應該會給人們更多的想像吧！比如說，人們就可能想像到類似田中角榮或金丸信等人的很多所作所為，而且有趣的是，儘管這些鑑賞者的心中想像各有不同，但他們恐怕都會有不同程度或不同內容的共振、共鳴或感動，或是非常負面的憤怒與悲痛吧！

　　智慧有它的針對性，故也因而有它的相對性；對特定個人或團體是屬智慧的，對其他個人或團體而言，除可能是屬知識性的之外，卻可能是不值得一顧的糞土，甚至對同樣的個人或團體在不同的時空下而言，也可能是荒謬的。因此，例如，猶太人可以有猶太人的智慧，日本人可以有日本人的智慧，而印度人也可以有印度人的智慧；其間，對於不同的民族或國人而言，決定是否是智慧的，一定是跟該民族或國家在歷史長流中的生活經驗有關，特別是有助於該民族或國家妥當、合宜的解決生存與發展問題的，那更是關鍵。因此，這些智慧之間，不必然具有同質性，更不必然具有可轉換性，除非這些行為主體具有類似的生滅過程，或涉及有關生計、生活、生存與生命上的類似經驗。

　　知識的累積是有助於智慧的發展，但卻不必然就可以自然轉換。在日常生活中，我們可能強調不要讀「死」書，而要讀「活」書；其中，分別「死」與「活」的關鍵，事實上

指的就是不要只會死板的累積知識，而是要將書中的知識，活化成與生計、生活、生存或生命相關，而且能有助於解決或改善它們的靈活智慧。但是，知識既不必然可以自然轉換成靈活的智慧，智慧也不必然需以讀書為要件，故一個飽經風霜的鄉下老婦，或山中的原住民族耆老，雖然可能知識水準不高，卻可以被認為是非常有智慧的；相對的，一個皓首窮經的讀書人，卻可能因為無力處理生活上的動態與變遷，以致於經常被批評為書呆子、鄉愿、冬烘或「兩腳書櫃」。如何讓知識的累積，可以有助於智慧的發展，其實是一個非常嚴肅而且重要的課題。

腦袋世界 vs. 腳跟天下
——學術殿堂 vs. 實存世界

　　在人世間，每一個人，從出生到死滅，其思維與行動基本上都分屬於兩個不同的世界或領域；其中，思維是屬於抽象的「腦袋世界」，而行動則屬於實存的「腳跟天下」。這兩個世界的特性不同，發展或累積的程序也不一樣，而對該人的行為影響，亦有很大的不同。抽象的「腦袋世界」，基本上是一個充滿各種概念，及這些概念之間，依不同邏輯、程序或關係等而相互組合或連結的領域；相對的，實存的「腳跟天下」，則是隨著該人每天為解決生計、生活、生存，及生命上的需要，而不斷的因應特定的時間、空間，及特定的人、事、物等的流轉而變動。一般而言，抽象的「腦袋世界」，經常是呈現著概念清楚、邏輯結構相對嚴謹的狀態，而實存的「腳跟天下」，卻包括了日常生活之中，涉及感官經驗與非感官經驗的點點滴滴；相對於「腦袋世界」的概念清楚、邏輯嚴謹，「腳跟天下」的生活上點點滴滴，卻經常是零碎、糾纏，不容易講清楚，甚至是還模糊、糾結的印象與概念，但它們卻與實存的因果關係相互緊密的連結著。然而，就整個社會科學研究的意義與目的言，「腳跟天下」的

價值卻遠勝於「腦袋世界」，因為它才真正與實存的因果關係和因果關係的流轉緊密相連，也才能讓我們透過科學的研究，真正能掌握社會現象中的因果過程，及整個因果關係如何從過去發展成現在，以及從現在又將如何發展成未來。

上面所提知識與智慧的對照，其實正表現前者是屬於「腦袋世界」，而後者卻屬於「腳跟天下」的狀況。從實存上看，每個人從出生、襁褓、啟蒙，到接受教育的各個階段（幼稚園、小學、國中、高中到大學），一路上的學習過程都是以知識層面為主，很少談論智慧層面的事務。尤其在理性主義數百年來的影響下，科學、理性、客觀、價值中立等等原則，都不斷的被強調，以致於人們都被強調要相信能用實證觀察、用形式邏輯連結，甚至能用量化方式呈現、驗證的結果與結論；其中，超時空而且能放諸四海而皆準的一般化理論、模型，也因而變成最具價值的典範、真理。臺灣的學術殿堂，包括每個人從小到大，而且涵蓋所有正式的教育階段，甚至包含各個研究單位與機構，都幾乎籠罩在這樣的傳統之下。

然而，從實存的「腳跟天下」看，很多事情的實際存在與發展，其實似乎都不是像他們所教導，或觀察、解釋與預測的一般。例如，從一個簡單的問題看，從台北到埔里和從台北到高雄，到底是埔里比較遠，還是高雄比較遠？這個問題，若是在 5、60 年前（1960-1970 年代），大概只有問幼稚園的小朋友或低年級的小學生才有意義了，因為過去有關

「遠近」的概念，很明確的是以「距離」或「里程」來表示；臺北距埔里大約 160 公里，而臺北距高雄則大約 340 公里，所以到底是埔里比較遠或高雄比較遠，根本就是一個非常簡單、清楚的問題：當然是高雄比較遠。但是，這個簡單的問題，在今天卻可能帶來複雜的答案，而且可以激發出非常複雜的討論。

在今天，這個問題對於一般人而言，其答案顯然會是兩極化的，即有人還是跟 5、60 年前一樣，認為高雄比較遠，但是卻也有很多人會認為埔里比較遠，後者的人數比例，有趣的是，卻會越來越多，甚至會逐漸的遠比認為高雄比較遠的人還要多，而且多很多。其中的關鍵，就在於越來越多的人會認為，到底埔里和高雄何者比較遠的問題，應該要以從臺北到埔里及從臺北到高雄所花的交通時間何者比較長來決定！而在於一般人的想像之中，來往於臺北和高雄之間的人，愈來愈多都是搭高鐵和搭飛機，但是埔里卻沒有高鐵也沒有飛機，就算搭到臺中再轉換任何其他交通工具，到埔里還是會花比較長的時間，所以鐵定是埔里比較遠！

哇，這是什麼世界啊？在 1960-1970 年間，一個仍普遍相信現代主義的年代，我們都相信而且被教導為「時間和空間是相互獨立的」，也就是說它們不能相互表示，即時間是時間，空間是空間，兩個面向或說兩個系統，是完全不相統屬、相互獨立的；換言之，在座標體系中，假如 X 軸代表時間，Y 軸代表空間，此二軸是相互垂直，相交於座標的原

點，完全無法相互表示，故空間上的遠近只能用距離或里程來表現，跟時間完全沒關係。但是，在後現代年代的現在，交通時間的長短卻可以用來表示兩地距離的遠近，時代真的是變了！

只是，時代到底真的變了多少？這其實也可能是一個非常複雜，甚至是一個複雜到一般人很難想像的地步！例如，有人可能根據「交通時間長短決定距離遠近的命題」，建構出不同的交通工具，如走路、腳踏車、汽車、客運公車、火車、飛機，及各種交通工具的不同組合，而建構出各種與交通工具連結的交通時間類型，並因而建立且主張多元典範的並立，來解釋埔里和高雄兩地的遠近問題；若從純邏輯的腦袋世界觀點而言，這其實是相當正統的，也沒什麼不可以！甚至，還可以進一步分析行為者，即人有性別之分、老少之別，及各種涉及不同生理、心理、心情等等的狀況，都會影響交通時間的長短，而且這些不同狀況依然可以類似交通工具一樣的做出類型化的分類與論述……哇！一個簡單的到底埔里遠或高雄遠的問題，竟然可以這樣的複雜化，甚至更無限上綱、無止境的複雜化，那它的意義到底又在哪裡呢？不過，話又說回來，當前的很多實證研究，其實際的邏輯與狀況，不也是與此相當近似嗎？

在現代主義時期，遠近的問題是由距離單一決定，故其答案非常直接，也非常簡單，故被稱為非常客觀，也非常科學的；但是在後現代主義時期，遠近的問題卻大部分由兩地

的交通時間所決定，而可以影響交通時間的變數卻又可能非常的多元、複雜，以致於一個原來非常簡單的答案，卻變得非常複雜，甚至是非常的模糊！為何會如此呢？

其關鍵原因，在於我們身處後現代主義的年代，卻仍使用現代主義的思維邏輯。現代主義強調理性、強調科學，故因而強調普遍性、強調通則化，以致於忽略了後現代主義所最突顯的特殊性；這個特殊性，包括特定的人、特定的時間、特定的空間、特定的事，以及其他特定的相關事物。要把這些特殊性連結，就必須要以特定的行為者為焦點與中心，而連結其在實存上相對應的特定時間、特定空間，及其他特定的相關事物。特定行為者的這些存在與特性，是連結實存世界所有社會因果現象的最關鍵中介，因為所有的這些因，幾乎都是導源於特定行為者，而所有的果也都會展現在這些相關行為者身上；所以，只有先確立特定行為者為觀察、分析、解釋的主體，才能確切的討論相關的因果關係及其流轉，而不會落入像上述一般複雜、模糊的境地。

因此，所謂「腳跟天下」的觀點，是指社會科學的分析，必須以所要探討的社會現象、特定個案，或特定政策為範圍，及其當下所涉及的實存行為者為基礎，並分析這些行為者如何根據其特定時間、空間和其他條件而採取行動，才能分析這些社會現象、特定個案，或特定政策的因果關係與因果流轉；如此，才可能有較趨近於單一、合乎事實的因果解釋和預測。這包括目前討論中的，到底是埔里比較遠或高

雄比較遠，只是命題必須落實到實存脈絡中的特定行為者，
即必須先確定埔里比較遠或高雄比較遠，到底是針對實存中
的哪個行為者而言，才會有真正明確、肯定的意義；只要行
為者確定了，加上特定時間、空間及其他條件下，他到底會
用走路、騎車、開車，或其他方式連結兩地之間，自然也就
體現了到底埔里比較遠或高雄比較遠。

　　以實存為基礎和前提的「腳跟天下」觀點，還有一個
非常重要的特點，就是不會像「腦袋世界」觀點因為強調普
遍性、通則化，而漏失了很多忽略時間性、空間性，或其他
個人的例外個案。舉例而言，很多人認為高雄之所以比埔里
近，是因為可以搭飛機；當然，這個飛機應該只包括商用客
機，而排除直升機及其他更先進而能輕易起降的小型自用飛
機，否則結論就可能完全相反。以曾經擔任過副總統的吳敦
義先生為例，在擔任副總統之前，他大概不可能搭上公務直
升機來回於臺北和埔里及臺北和高雄之間，所以對他而言，
當然是埔里要比高雄遠；然而，在他當上副總統之後，他是
可以選擇搭直升機去埔里或高雄，結果高雄顯然還是比埔里
遠，只是自從他不再擔任副總統之後，埔里顯然又恢復比高
雄遠。「腳跟天下」的觀點，就是強調實存，包括實存的特
定行為者、特定的時間、特定的空間，及特定的其他相關事
物；只要其中一項不是「特定」，那就不是實存，而變成一
般所謂的「假設性的問題」，只要是「假設性的問題」就可
以不用回答，因為就算是回答了，也不會是正確的答案。

　　「腦袋世界」和「腳跟天下」的差異，又可從兩個實際的個案進一步說明；其中，第一個個案涉及臺灣光復之後，政府在 1948 至 1973 年間所執行的肥料換穀政策。對在該期間種植稻米的農民而言，假如他們需要肥料，那要怎麼辦？根據常識或受過經濟學訓練者的人而言，他們很容易從「腦袋世界」的角度出發，而認為，就拿錢跟肥料商買啊！問題是，你可能有錢，但是你卻找不到肥料商啊！戰後臺灣的肥料都是由臺灣肥料公司生產，民間不能生產，而不能自給自足時，也只能由政府去進口；因此，肥料的生產、進口和配銷，都是由政府全權決定，而配銷則委託農會系統執行。政府要求稻農必須拿稻穀來交換肥料，當然，各種不同肥料和稻穀之間的交換比率，是由政府單方面決定；這就是戰後臺灣經濟史上非常有名的肥料換穀制度。臺灣在 1960 年代就邁入經濟起飛的階段，照說市場經濟早就相當的發達，但是，為何到 1973 年才廢止這種封建時代才流行的以物易物政策呢？這從「腦袋世界」的角度，是完全無法理解，無法解釋的；必須從實存的「腳跟天下」，才能充分了解該政策的複雜性，及複雜的因果流轉，比如說，它跟早期肥料缺乏有關、跟軍公教配米有關、跟政府要對日出口米以換肥料有關、跟政府要更多米以平衡市場糧價有關、跟政府要維持低工資政策有關，甚至跟政府要汲取農業剩餘以發展工業有關等等（Shiau, 1984）。

　　第二個個案，發生於個人在某大學研究所開授的「政

府與企業專題」課堂上。自 2019 年以來，為了 5G 的競爭問題，川普總統一直要美國一些高科技公司斷絕和華為的商業往來，也要一些盟邦國家配合，所以最近出現的一個議題是，川普會不會要求台積電斷絕和華為之間的關係？一提到政府與企業間的問題，「腦袋世界」角度的觀點，通常就會以政府與市場所構成的架構脈絡，定位問題而且思考問題的解決，因為企業就是在市場之中，可能正進行著紅海式的死命競爭，或藍海式的悠逸競爭，但只要市場沒有失靈（market failure），政府就不應該干預；何況台積電又不是美國企業，更不應該受到影響。話雖如此，但心中仍忐忑不安，因為川普政府的確在很多方面可以影響台積電，只是怎麼影響和影響多大，倒是很難確定！

相對的，若從「腳跟天下」的角度看，根本不管什麼「政府與企業」或「政府與市場」等框架，而可以將川普政府和台積電直接視為是一個獨立的行為者，然後分別檢視這兩個行為者的特性，及相關的利害得失網絡，甚至進而接觸、談判，而決定台積電可能接受的妥協或不妥協的結果等等。這種「腳跟天下」的角度，就是要回到實存的因果關係、因果網絡和因果流轉中，務實的解決實存的問題。當然，在目前美中爭霸形勢嚴峻下，若川普順利連任總統，台積電的強烈壓力恐怕是難以逃避。

知識性的政治經濟學
vs.
智慧性的政治經濟學

▼

　　一般以政治經濟學為名的書籍或文章，大致上說，都是「知識性的政治經濟學」，因為它們都具有「不變」、「死」的特性，而且重視是非對錯的知識特性，也展現概念清楚、邏輯嚴謹的「腦袋世界」特性。相對而言，「智慧性的政治經濟學」，具有「變」、「活」的特性，尤其在強調實存的「腳跟天下」觀點下，只要分析焦點的特定行為者確定，其相應的特定時間、特定空間，及其他特定的相關事物，亦都將因而確定，並發揮其「變」、「活」的特性，而能分析、解釋，或甚至能解決特定的事物。

　　吉爾平（Robert Gilpin）在他的《*The Political Economy of International Relations*》一書中，認為政治經濟學可以分成三種意識形態，即自由主義觀點的（the liberal perspective）經濟自由主義（economic liberalism）、國家主義觀點的（the nationalist perspective）經濟國家主義（economic nationalism），及馬克思主義者觀點的（the Marxist perspective）馬克思主義；它們對於人、社會及經

濟活動的本質，都有各自不同的假設與信仰，也因而主張不同的經濟態度、經濟制度與經濟政策，以致於讓意識形態這個概念，類似於庫恩（Thomas Kuhnn）所宣稱的典範（paradigm）（Kuhn, 1970）這個概念（Gilpin, 1987：25-26）。這些理論性的內容與討論，大多是屬於「知識性政治經濟學」的範圍（Gilpin, 1987：25-54）。

　　國內政治經濟學文獻中，洪鎌德教授所著《當代政治經濟學》一書，堪稱是這類知識性政治經濟學中最典型的代表。基於深厚的社會學背景，洪教授認為，政治經濟學，「基本上，這一稱謂是一個『錯誤的名稱』（misnomer）……比較貼切的稱呼應是『社會經濟』（social economy），但由於人們習慣使用『政治經濟』（political economy）、或『政治經濟學』（political economics），因之，為了隨俗的方便，我們也使用『政治經濟』、或『政治經濟學』」（洪鎌德，1999：47）。因此，洪教授在其書中，從第二章開始討論政治經濟學的意義、崛起與流變，以至於到最後本書的終結，他都以自由主義觀點和馬克斯主義觀點的意識形態（或典範）為範圍，跳過政治或政治學色彩比較鮮明的國家主義典範。然而，除了有此缺憾，洪教授對於其所談兩種典範，在各個國家、不同時期、不同流派的理論內容、發展與爭議，包括其代表性人物、著作、主張，與爭辯的焦點和過程等，都堪稱鋪陳、分析得非常的細膩、連貫與精彩。加上文字的洗練與整體結構的嚴謹、平衡，洪教授的這本巨著，的確是

國內社會科學領域中少見的傑作（洪鎌德，1999）。然而，由於整本書的重點，仍在於分析、解釋整個政治經濟學（尤其是三個典範中的兩個典範）的發展歷史，故其基本特質仍限於知識性的，而不是智慧性的，所以很難運用或援引於分析、解釋，甚至解決臺灣相關的重大政經問題、政經爭議，或政經政策上。這些希望與期待，似乎只能求助於「智慧性的政治經濟學」。

其實，吉爾平在討論三種政治經濟學意識形態時，亦曾指出，自由主義和國家主義者的觀點，也可能被馬克思主義者所採用，例如，伯溫斯坦（Eduard Bernstein）和考次基（Karl Kautsky）所主張演化性馬克思主義中的社會民主的概念，即非常接近於自由主義的人人平等觀；相對的，列寧的革命性馬克思主義，卻是要建立蘇聯（the Soviet Union）的國家主義者觀點（Gilpin, 1987：35）。其實，中國自1978年底推動經濟改革以來，特別是1992年鄧小平二次南巡之後，積極推動改革開放政策，而且正式宣稱是在推動中國特色的社會主義，也是馬克思主義者採取國家主義觀點的典型例子。

這些意識形態和意識形態擁有者所展現「腦袋世界」和「腳跟天下」之間看似分離或矛盾的現象，不僅見於馬克思主義者，事實上亦表現在其他意識形態的擁有者身上，例如，被認為是經濟自由主義開山祖師的史密斯（Adam Smith），就是一個典型的代表，所以他的名著《國富論》

（*An Inquiry into the Nature and Causes of the Wealth of the Nations*, 1776），是在探討國家財富的本質與累積的理論，而不是在追求個人財富的累積。史密斯之所以用或可以用經濟自由主義來追求國家財富，是因為 1760 年代英國已最先完成工業革命；工業革命的意義，在於以機器代替人的勞動力，能使生產的品質大幅的提升和數量可以無限制的擴張，而在世界市場上所向無敵。因此，經濟自由主義可以讓英國的國家財富，在短期之內即能出現爆炸性的擴張。

在一個仍以國家為最重要政治、經濟組織體制的世界和年代，經濟國家主義顯然仍會是最重要的國際間之訴求；因此，有趣的是，吉爾平曾在他的書中強調自己是一個自由主義的相信者，但是他說，「在我們所居住的世界上，其實是經濟國家主義的理念最能描述說明，偶而馬克思主義也能補充」；他完全沒有提到經濟自由主義，但是他卻宣稱是一個折衷主義（eclecticism）者（Gilpin, 1987：25）。這樣的折衷主義者，跟史密斯有差別嗎？其次，這又跟透過自由市場而操縱利率、匯率，或關稅、公共支出，甚至福利政策的社會移轉性支付，以達成國民經濟的充分就業（人盡其才、物盡其利、貨暢其流），而卻可能以鄰為壑的凱因斯（John M. Keynes）差別也不大吧！凱因斯的確是一個經濟自由主義者，但卻更是一個經濟國家主義者！然而，沒有人會認為凱因斯是一個折衷主義者。這些現象必須從「智慧性政治經濟學」的角度來詮釋，即都是因為這些國家或個人，無論是馬

克思主義者或自由主義者，都從實存的角度，立足於「腳跟天下」，心存他們所關心的國家及利益，而選擇了對他們國家最有利的國家主義者觀點，或自由主義者措施，其實完全沒有折衷主義的意義或味道。

第 2 章

Political Economy
of Taiwan

行為者

導論

　　宇宙洪荒，從天地之始，自有其運作、演化、變遷之理則；然而，自人類出現之後，雖曾懵懂無知、文明初開，以至於跌跌撞撞前進，亦明顯逐漸學會參天地之化育，甚至還慢慢出現戡天主義的想法，而以為人定可以勝天！

　　在此其中，人類社會的漸進發展與複雜化，直接促成現代社會科學的發展，但也導致社會科學對人類社會分析的不斷出現挑戰。其中，作為基本分析單位的行為者（actor）這個概念，無論在政治學、經濟學或政治經濟學中都是一個重要的概念；但是，它在不同的理論傳統或典範中，卻有不同的概念內涵，及不同概念之間的連結，而且因而展現不同的理論重要性。政治學、經濟學和「知識性的政治經濟學」，一般而言，會從方法論個體主義的角度，強調行為者都像原子一樣的獨立存在，並發揮其超時空的理性、自利特性，並且在不同的時空及事務中，得以因應這些不同的變化，而仍理性的追求其自利。

　　相對的，「智慧性的政治經濟學」所主張的行為者，都是從方法論非個體主義的角度，強調其實際存在的樣態，而不是超時空存在者，故他們都不像原子一樣的獨立存在，而

是被結構化，而且每個行為者都因而展現互不相同的社會鑲
嵌性（social embeddedness），即不同的社會結構化特性。
同時，實存中的行為者，可以是自然人，也可以是由自然人
組合而成的各種公司、組織，或團體等等，甚至是像國家這
麼大的組織，只要它們都有明確的範圍界限（boundary），
而且可以明確的進行意思表示，並承擔這些意思表示後的結
果者，都可以視為是行為者。

理性自利的人
——中產階級的人性觀

▼

　　長期以來，政治學、經濟學和「知識性的政治經濟學」，都假設每一個人都是「理性自利的行為者」；其中，「自利」即指出他的行動目標、行動方向，而「理性」則展現他在追求「自利」中所能符合的效能、效率過程。理性自利的人，加上洛克（John Locke）以來所謂包括生命、自由、財產等天賦人權的支撐，這種人性觀其實深深隱含著中產階級的階級屬性。

　　國人經常以「五子登科」做為理性自利具體案例的說明；其中，這五子包括金子、房子、車子、孩子，及內子或外子。能夠順利充分的獲得這五子，的確是中產階級者一輩子所最重視的人生目標，而且他們都會期待以理性、合法、合理的方式，終生努力的去爭取；尤其在一夫一妻制度的規範下，每個人的五子登科目標，無非都是希望金子、房子及車子等的極大化與極佳化。

　　然而，從實存的角度看，很多人的金子卻不是靠自己賺的，房子與車子也不是自己買的，而是別人送的，或別人買的；相對的，跟自己同姓的不一定是自己的孩子，而自己的

孩子卻可能反而跟自己不同姓，那麼內子或外子的問題就顯得更難講清楚了！

　　社會階級中的上層階級、中產階級及下層階級三分的說法，可以有助於這些問題的說明。上層階級可能位居公部門或企業部門的最高位階，其房子、車子，除自己購買外，更可能來自國家機關或大企業的購配，而金子更可能來自民間的捐款，或政商掛勾下的利益輸送。其次，孩子及內子與外子的問題，就更複雜了，但冒昧的說，蔣家的實際狀況或許可以做為參考，即姓蔣的不一定是蔣家子女，而蔣家子女也不一定姓蔣。相對而言，一般中產階級在五子登科議題上，都表現得比較清楚明瞭，而且較吻合於理性自利的傾向，但是對於下層階級而言，又可能是另一種比上層階級更為複雜的一言難盡，但絕對是跟一般中產階級不一樣。

　　從天賦人權的角度看，中產階級對於生命、自由、財產的天賦不可剝奪或侵犯，是可以徹底相信而且終生奉行不渝，但對於擁有國家公權力的高階上層階級而言，卻經常不是如此，否則，他們怎麼可能發動戰爭、進行徵兵，甚至只是較低層次的要人民服勞役？相對的，下層階級可能有生命、有自由，但是財產可能不足或欠缺，那他要如何表現他的理性與自利呢？他可能會覺得自己只有不值得珍惜的爛命一條，而自由也可能變成是一種負擔，因為他不知道如何去運用發揮，尤其在沒有或欠缺財產的情況下，他還能有他合理、合法的自利和理性嗎？難道他會理性的就結束自己的生

命？

　　總之，理性自利基本上就是一種典型的屬於中產階級的倫理，很難完全適用於上層階級和下層階級；它顯然是一種屬於「腦袋世界」的東西，因此，我們必須回到「腳跟天下」的層次，才能較合乎現實的分析行為者的特性。

實存中的人或行為者
──生存與發展

▼

　　實存中的人，都必須不斷從體外汲取各種資源，以維持生命現象的持續，甚至促成生命實體的成長與發展。

　　這些程序與階段，可用下列方式來表現：

　　人的維生與成長必須從體外汲取資源 A，才能支持維生和成長（或發展）的需要。從實存上看，維生或成長所需要的資源，其內容與數量可以是非常複雜，甚至會因人、因時、因地而有不同差異；為了簡化問題，我們只能假設：為了維生，需要補充資源 B，而為了成長（或發展）則需要資源 C 的支持，C 指的是多於 B 之外的剩餘，所以 $A = B + C$。

　　若 $A = B$，則 $C = 0$，即從體外汲取的資源只能抵銷維持生命現象所需要者而沒有剩餘，那麼這個人就只能是活著，無法出現成長或發展。

　　若 $A < B$，那麼人所汲取的資源根本就無法抵銷維持生命現象所需要者，那麼他就會消耗到自身的資源，而且隨著自身資源的消耗，而可能會像油盡而燈枯，導致死滅。

　　正常情況是 $A > B$，而使 $C > 0$，即從體外所汲取的資源超過維持生命現象之所需，而有剩餘現象，才可能有成長

或發展；剩餘 C 的大小決定成長或發展程度的多少，有人可能因為 C 太大，而需要減肥。在概念上，成長和發展的最大差別，在於前者強調規模（size）的變大或擴張，而後者則強調結構（structure）的變化與增長；前者如成年人的身材變化，而後者則較類似青少年的發育以及身體結構的轉型與變化。

上列所談實存中，人必須從體外汲取資源以支持其生存與發展的特性，不僅見於自然人行為者，也見於各種自然人組合的行為者，如公司、團體或其他各種組織，包括政黨、國家等，其實也都具有此特性。

被結構化的人或行為者
——結構化的機會與限制

　　人一出生就被結構化，包括其基因層次的各種特質，及人文、社經層面的各種特色，並因而影響其被生育、養育與教育上的林林總總；甚至在其出生之前，如產檢，到底要去哪個醫院、找哪個醫生，或甚至根本就不需要產檢等等，都也被各種結構條件或社會網絡關係所決定，即被結構化。

　　結構化的意義，強調人處於結構脈絡之中；其間，隱含著他的特定機會與特定限制，並因而制約了他的理性方式與自利的選擇。就像人處於一間教室之內，他必須面對特定的門、特定的窗、特定的牆壁與特定的活動空間；他的理性與自利，就受到這些結構條件的制約。他無法隨時、隨地、任意的揮灑他的自由意志（free will），但也不是完全被這些外在條件所決定；他只能在特定的門、窗，和活動空間中，發揮他的理性，並追求他的自利。他的理性選擇，顯然只是介於自由意志論和決定論（determinism）之間；因此，針對時下很多人的口頭禪，「假如我喜歡，有什麼不可以？」，從實存上看，還其實真的有很多的不可以！

　　將人結構化的結構脈絡可以分成三種層次，即器物層

次、制度與行為層次,及文化與意識形態層次。其中,器物
層次包括人類社會的一切物質性資源,制度與行為層次則包
括各種典章制度及人與人之間的互動模式,而文化及意識形
態層次,則包括了支持各種涉及物質資源的分配與交易的文
化,及各種支持制度運作與行為模式的意識形態或價值規
範。

行為者的不同層次

▼

　　任何自然人，只要是沒有被法律限制行為能力，也沒有被法律宣告禁治產，他就是一個最基本單位的行為者；其次，依相關法規成立的財團法人、社團法人、公司，或其他各種組織、團體等，甚至複雜且龐大如國家者，也都可以成為一個行為者，只要它、他或她可以具有完整的主體和整體的意思表示，並承擔相關的利害得失者，都可以算是一個實存的行為者。

　　各種不同層次的行為者之間，如自然人行為者，及各種由自然人組合而成行為者的像政黨、大公司或國家之間，其複雜程度可以有天淵之別，但他們的基本特性，例如，被結構化、求生存和發展，及理性自利等，其實是一樣的。

　　不同層次行為者之間，可能存在上下左右相連的結構網絡，例如，很多自然人可能結合在一個團體之中，而此團體又和其他團體形成一家公司……最後，這些行為者及其間的層次與範圍，都可以再行擴大，而形成一個國家。這過程表現各種不同層次行為者之間，可能形成相當複雜的網絡，而展現行為者之上、行為者之內及行為者的周邊，都可以還有其他的行為者。

　　也可以將不同層次行為者之間的關係，從大到小，倒過

來看。一個行為者的國家機關,可以因三權或五權架構,而變成三個或五個不同行為者體系;若以臺灣的行政院為例,可以依其組織法結構所定 14 部 8 會 3 獨立機關 1 行 1 院及 2 總處,而繼續分出層次較低的 29 個行為者及行為者體系。其中,依行政院組織法或其他相關組織條例所定,具有獨立行使職權並能獨立對外行文的,都可以視為一個行為者;這些行為者都屬組織層次的行為者,另外,行政院中的每個自然人成員,當然也都是一個個別的獨立行為者。

人的社會鑲嵌性
（ social embeddedness ）

▼

　　人被結構化，表示他不像原子式的獨立存在，而是被鑲嵌在隱含特定機會與特定限制的結構脈絡之中。這個結構脈絡，以特定行為者而言，其結構性的稟賦，涵蓋器物層次、制度與行為層次，及文化與意識形態層次的內涵，尤其加上行為者的自體層次與組織層次的層層疊疊，所以每個人或行為者的被結構化，其實就是被鑲嵌在非常複雜的結構網絡之中；其間，每個人在不同的組織層次中都擁有不同的身份與角色，而且隨著不同的時間、空間而流轉著。

　　包括器物、制度與行為，及文化與意識形態等三層次的文明，聯合構成社會的整體，也涵蓋了人類社會不同社會結構在歷史變遷中的總和；錯綜複雜的社會整體界定了所有行為者及其間的靜態社會結構關係，也描繪了他們在歷史動態中的變遷、發展模式。每個行為者及其稟賦，都蘊含在這包括三層次的文明，而且呈現政治、經濟、社會、文化，及法律等的多面向社會之中；每個行為者都以其稟賦為基礎，運用其理性與自利行為，而展現歷史的因果與流轉。

第 3 章

Political Economy
of Taiwan

理性的
政治經濟
行為

<Introduction>
導論

　　主流的政治學與經濟學都主張人是理性、人是自利的，但是，這些主張在實存上根本不能適用於所有人。本章第二節將討論，這些理性政治經濟行為的說法，其實隱含一種明顯的中產階級屬性，而很難解釋上層階級和下層階級的政治經濟行為；第三節則從實存的結構化角度，基本上將涉及資源利用的經濟邏輯和涉及資源汲取的政治邏輯分開，但也同樣從結構化的角度，以同一行為者為中心，而將其政治邏輯和經濟邏輯，整合在其政治經濟邏輯之中。

理性

▼

◉ 目的理性與工具理性──理性秩序與理性運作法則

　　理性主義傳統中的理性，包括兩個層面，即目的理性與工具理性；目的理性即合於理性秩序，而工具理性則屬理性運作法則，後者經常是達成前者的理性程序，或理性運作方式。兩者的結合，就是理性的宇宙整體，而包括理性的秩序與理性的運作法則；其間，亦展現自然法的秩序與運作規範。

　　理性主義的這類傳統，曾經歷黑暗時代、文藝復興、啟蒙運動、工業革命，及市場經濟和民主政治的發展而變遷；當然，其中也因為這些多元而複雜的變遷，而出現各種涉及上帝與個人、理性與經驗等等爭議與論辯。然而，在這些發展與變遷，及爭議與辯論之中，理性主義傳統中的理性，尤其在現代主義時期，仍然是以人類的自然本性或和諧的宇宙真理為根源、為基礎，而貫穿從個人到宇宙之間的理性秩序與運作法則。

　　自由市場，在理性主義和自然法傳統中，作為理性宇宙的一部分，當然也是理性的；其供給是一種供給法則（the law of supply），需求是一種需求法則（the law of demand），而價格所隱含的市場價格機能（the price mechanism of the market），又能促成市場中的供給和需求之間的互動及價格變動，而使市場達於均衡。市場價格機能是一種理性、非人化的力量（impersonal force）；這種力量經常被視為是「一隻看不見的手（an invisible hand）」，但卻能發揮其對供給、需求和價格的自動調節機制。自由市場是人類利用資源的最有效方式，故是最佳的目的理性，而供給、需求和價格機能，更是達成這種最佳目的理性的理性運作法則。

◉ 理性自利的人

在理性主義和自然法傳統中，理性自利的人，其理性偏於工具理性，而自利則強調其目的理性；兩者完全是合乎人類的自然本性，也合乎和諧的宇宙真理，因此，在自然科學的發展、啟蒙運動、工業革命之後，尤其是在史密斯的《國富論》（*An Inquiry into the Nature and Causes of the Wealth of Nations*, 1776）及《道德情操論》（*The Theory of Moral Sentiment*, 1759）下，此「理性自利的人」，更是觸動市場經濟的擴張及經濟學發展的核心；同樣的，也在英國的政黨政治、民主政治的擴張中，促成政治學的發展。

史密斯的《國富論》強調，每個個人都有自利的心；這是一種想改善自己境遇的天性。個人即依這種天性而從事

經濟行為，因而有分工、交易、討價還價，甚至導致貨幣使用、價格的決定，及儲蓄與投資等經濟行為和現象。史密斯的《道德情操論》更強調，個人除了自利心之外，還有利他心而展現仁愛與公正等天性；其中，特別是公正的天性，使每個個人不會阻撓他人追求自利的行為，尤其是他們運用天賦人權而進行的各種勞動與投資上。個人追求自利的結果，會帶來公共利益的增加；自利和公利是調和的（張漢裕，1977：41-60）。

理性自利的人都是個別獨立存在，他們最了解自己的能力、興趣與利益，他們又能理性的計算與追求，尤其在依比較利益而分工並合作的情況下，相互的競爭也許相當激烈，但在和諧的自然法之下，卻是不會有負面的惡性競爭或衝突，所以整體而言，這樣的競爭卻可以提升效率並帶來公共利益的極大化。因此，強調行為者的理性自利，並進行自由競爭的自由市場，是一種合乎公共利益的目的理性。從個人的理性自利到自由競爭市場的體現，理性主義的理性，包括目的理性和工具理性，都可以在此完全展現！這樣的理則就因而被自由主義經濟學所傳承並傳播。

◉ 中產階級屬性

經濟學和政治學所以同樣將基本的行為者視為是理性自利的人，並不是巧合，而是因為它們經歷同樣的歷史變遷

過程，反映同樣的政治與經濟的行為者主導著整個歷史因果變遷的事實。封建時代的英國，在莊園經濟中的自由農（yeomen），因為圈地運動而被驅離，並聚居於荒野而成就新的聚落以營生，且逐漸以自治的方式而管理自己。在 1760 年代英國開始工業革命之後，這些自由農已變成新興的商業階級，而且在議會中支持代表商業利益的輝格黨（Whig），和代表國王、貴族等保守勢力的托利黨（Tory）進行競爭，並在 1689 年先後於議會通過《權利宣言》（*Declaration of Rights*）和《權力典章》（*Bill of Rights*），確立英國的「議會主權」（許介鱗，2019：120-121）；因此，從工業革命的發展、亞當史密斯自由市場的提倡，到英國對海外的殖民擴張，及對生產原料和世界市場的爭奪，以致於到 19 世紀下半葉的維多利亞時代，英國能讓太陽 24 小時都照耀著英國的國旗，都反映著英國的中產階級針對國王和貴族、地主階級的爭鬥與勝利。前面提過，「理性自利的人」，隱含著中產階級的階級屬性；其實，從過去的歷史看，所謂主導歷史因果變遷的「同樣的行為者」，指的就是和國王、貴族與地主階級等不斷競爭、對抗的中產階級。

　　然而，從實存角度看，隨著自由市場的擴大與發展，市場中眾多類似原子式存在的行為者，卻慢慢出現越來越大的變化；他們逐漸不再是等質的行為者，而呈現大小強弱上的不同分化。就像在叢林之中，本來所有的動物看起來都是一樣的大小強弱，但卻逐漸分化而呈現物種上的差異及大小強

弱上的不同；叢林法則即開始發生作用，並展現弱肉強食、
優勝劣敗、適者生存的天擇現象。「腦袋世界」的目的理性
和工具理性，或說理性秩序和理性運作法則，徹底且嚴重
的受到「腳跟天下」的叢林法則衝擊，以致於必須從實存的
「腳跟天下」，重新觀照行為者的理性行為。

實存中的政治經濟理性

▼

◉ De Jouvenel 的政治、經濟觀

法國的政治哲學家 Bertrand de Jouvenel 從實存的角度看待政治與經濟，他說，「經濟涉及手中資源的使用，而政治則涉及資源的增加（Economics is concerned with the use of resources on the spot, politics with the adding to them）」（De Jouvenel, 1957：18）；他顯然跳脫了目的理性的自由市場和民主政治的場域，重新界定了政治與經濟。其中，政治的核心，在於行為者要汲取資源，其目標當然是愈多愈好，最好是能夠不斷極大化（maximization），而且終能達成極大的境界（maximum）；相對的，經濟的核心，在於行為者要善用資源，其目標當然是利用得愈佳愈好，最好是能夠不斷極佳化（optimization），而且終能達成極佳化的境界（optimum）。

◉ 資源利用的經濟邏輯與資源汲取的政治邏輯

過去在自由主義者的理性主義傳統下，人類社會的資源利用與資源汲取，都被認為是相互獨立而且互不相干；因

此，資源利用是由經濟學以自由市場為場域，而資源汲取則
是由政治學以民主政治和政府為基礎，而分別處理並發展出
它們的不同假設、理論和模型，雖然在最核心上，兩者都強
調人或行為者都是理性、自利的。所以，他們經常強調政治
和經濟是相互獨立的，而政治學和經濟學也是互不相干，除
非出現市場失靈（market failure），才需要政府的干預，而
讓政治涉入經濟；當然，也因而出現這種介面性的政治經濟
學。

　　但是從實存的角度看，人或行為者的資源利用與資源
汲取，卻不必然要分別以自由市場和政治體系為場域，而且
兩者也不一定都是相互獨立，有時候更是相互連結，甚至是
互相利用或互相勾結的。例如，首先，每個行為者一天都有
24 個小時，但他對這 24 小時的資源利用，其實不一定都透
過自由市場，而可能只涉及行為者自己；其次，在家庭和一
般民間團體之中，也充斥著各種資源汲取問題，但顯然是不
經過以政府為中心的政治體系。簡言之，資源利用可以獨立
於市場，而資源汲取也可以獨立於政府或政治體系。另外，
特定企業固然是以自由市場作為其資源利用的場域，但它可
能還會以政治捐款、遊說，或支持特定代理人的方式，從政
治體系去改變自由市場中的遊戲規則，而改善其資源利用方
式，並增加獲利、汲取更多的資源。

　　從實存的角度檢視經濟學，無論是古典經濟學、新古
典經濟學（neo-classical economics），或 1960 年代後以芝

加哥大學為核心的芝加哥學派或稱新的古典經濟學派（new classical economics），也無論是以總體經濟學或個體經濟學為焦點的各種學派，他們都強調經濟學是在各種可能選項中分配與配置資源（distribution and allocation of the resources among the alternatives）。這些經濟學，從長期而言，可以說，已建立了一套利用資源的經濟邏輯；相對而言，政治學，從馬基維利（Niccolo di Bernardo dei Machiavelli, 1469-1527）開始，或說，從希臘三哲甚至中國的先秦諸子開始，加上近代和現代的政治學理論與思想，特別是有關現實主義和新現實主義的論述，一定也可以找出一套以資源汲取為核心的政治邏輯。

● 以行為者被結構化的稟賦為基礎的經濟邏輯與政治邏輯

從實存角度看，人或行為者都是被結構化的，所以無論是資源利用或資源汲取，顯然都必須以行為者在其結構脈絡中的機會與限制，或說稟賦（endowment）為基礎。經濟學上也有稟賦一說，但它主要涉及經濟生產力的提供或消費性產品的購買力為基礎而界定，似乎只涉及量上的大小強弱之別；但此處所論結構化脈絡中的稟賦，涉及物質層次、制度與行為層次，及文化與意識形態層次的內涵，即包括很多質方面的內涵，而且還包括各種政治、經濟、社會、文化、

法律等不同面向上的特性。因此，行為者的政治或經濟行為
所涉及的稟賦自是非常的複雜，但其目的無非是希望透過資
源汲取與資源利用的方式，而得到更多的資源，所以資源利
用的經濟邏輯和資源汲取的政治邏輯，可以視為同一個行為
者得到更多資源的兩種理性邏輯，而這兩套理性邏輯雖然不
同，但絕非相互獨立，而是經常可以相互為用，尤其此經濟
邏輯之是否達到極佳化或其政治邏輯是否達到極大化，完全
是以該行為者的結構地位或稟賦為基礎而衡量，更可以隨時
考量或更換其極佳與極大之間的平衡。

　　從結構化的實存角度看，每一個行為者在市場之中都
有一個跟其他行為者不同的結構性地位；其中，某些行為
者就可能因為其特殊的結構性地位，而可以在市場之中，
或利用市場價格機能，而得到特別的好處。因此，正如
K.W. Rothschild 所說的，「我們可以將經濟權力（economic
power）設想成是市場之中一些不等的原始地位；該原始地
位可以允許某些行為者在市場機能之中和透過市場機能的運
作，而獲得特殊的利益。相反的，我們可以發現有些場合卻
是用市場的運作去獲取權力，進而以權力去爭取經濟或非
經濟性的目的，或是權力本身就是它的目的」（Rothschild,
1971：15-16）。這種經濟權力，有趣的是，剛好相對於市
場價格機能的非人化力量，因為經濟權力是十足的因人、因
行為者而有變異，隨行為者的不同即有變化的力量；所以，
如果市場價格機能是「一隻看不見的手」，那麼經濟權力就

是「一隻看得見的手」，不管它是在市場之中利用交易條件（terms of trade）的優勢，或在市場出現障礙而不能順暢運作之時，排除這些障礙而促成市場的開放，就像1980年代雷根政府利用各種關稅政策或貨幣政策逼迫臺灣開放農產品市場和特定服務產業的投資。當然，雷根要臺灣開放市場固然是一種經濟權力的表現，而本書第一章中所提，川普可能要台積電斷絕跟華為的生意往來，這形同於關閉市場，何嘗不也是展現另一種經濟權力的作用嗎？

◉ 行為者資源利用的極佳化與資源汲取的極大化

資源利用的極佳化和資源汲取的極大化，在概念上非常的相似，尤其是在單面性的領域甚至可以等同，但在實存上，兩者雖然可能非常接近，但經常是具有非常不同的實質差異。例如，在經濟學中，一個生產者對於其生產因素配置利用的極佳化，經常可以其利潤的極大化來表現；同樣的，一個消費者對於其消費資源的分配利用，亦會以其所得到效用的極大化來顯示。

但是，從實存角度看，行為者都是被結構化的，而且其資源利用是否極佳化，或資源汲取是否極大化，都必須以特定行為者在結構脈絡中的稟賦為基礎才能考評。然而，基於稟賦具有器物、制度與行為，及意識形態與文化等三層次的特質，及政治、經濟、社會和文化與法律等面向，要考評

特定行為者的資源利用極佳化和其資源汲取的極大化，就變成一個多度空間的複雜問題。尤其，行為者是決定資源利用是否極佳化或資源汲取是否極大化的關鍵，而行為者又可以分成自然人的個人層次，也可以是非自然人的組織與團體層次，甚至是國家層次，因此，特別是超越個人層次的其他層次，其極佳化或極大化，都是涉及更為複雜的內容與過程；其中，有些個案真是涉及難以量化或甚至難以釐清的狀況，例如，在 2018 年 3 月以來的中美貿易戰之中，就有很多層面的利害得失事實上是很難計算清楚。但是，毫無疑問的，這一組涉及政治、經濟、政治經濟和理性的概念，即資源利用的極佳化與資源汲取的極大化，仍然是非常有助於分析、解釋相關的政治、經濟，或政治經濟事務，甚至大如中美貿易戰的發生、變遷，與未來的發展，都一樣可以有所幫助。

第 4 章

自利

Introduction
導論

　　在政治學、經濟學和政治經濟學中，利益、自利，都是重要的概念，因為它們都影響著政治行為、經濟行為和政治經濟行為的方向與目標。但是，利益和自利的概念內涵，其實隱含著很多的模糊性與爭議，所以必須進一步釐清。本章第二節首先將界定利益的意義，並指出它涉及行為者的具體方向與目標；其次，也將討論涉及實存行為者的自利。然而，由於實存行為者的被結構化，其對自己的認知及對自利的界定，也將受到此結構化的影響；長期而言，該行為者的自利，將深受其安身立命的影響，甚至決定。

　　第三節將從利益的本質內涵，分成直接利益與間接利益；直接利益是行為者可以直接擁有、支配或處置的目的性利益，但間接利益不是目的性利益，卻會影響目的性利益的得失與多寡，通常都是以「偏差」（bias）的形式而存在。第四節的內容，就在討論「偏差」的概念，及以「偏差」為形式的間接利益。

利益的意義

——行為的方向與目標

▼

● 政治上的利益與經濟上的利益

　　政治或政治學上的「利益」，包括最具體的土地、人民、自然資源、權力、所得、財富，以致於最抽象的偏好、福利、名聲、健康、自由，甚至自在的感覺，都可以算是政治或政治學上所談論的「利益」；當然，主流的政治學上，可能就以「社會價值」一詞而涵蓋之。

　　相對而言，經濟或經濟學上的利益，最常包括的是利潤、效用、財富、所得等。雖然政治學和經濟學都強調利益、強調自利，但他們所談利益與自利的交集，大概也僅限於財富和所得等少數的概念。其實，若能超越市場而看經濟學，而且超越政府而看政治學，他們所涉及的利益與自利，可以擴及所有的物質性好處（material benefits）及各種社會性的福利（social well-beings），只要對行為者而言，是一種可欲之物，就沒有具體或抽象之分，都可以是利益或自利的涵蓋範圍。

◉ 自利

　　自利這個概念，在經濟學、政治學或政治經濟學中，一般而言，乃是指對自己有利而言；這種自利雖然不能說，就等於自私，但是，仍以「對自己有利」最稱恰當。

　　然而，從實存的角度看，每個人或行為者都是被結構化的；在其特定的結構脈絡中，他有被各種結構層面所界定的身分與角色，而每個特定的身分或角色，其實就相當於一種特定的立場或立足點，而且每個特定的立場或立足點，其實就隱含著特定的利害得失關係，也因而具有不同的利益考量。因此，所謂「對自己有利」，這在每個人或行為者都是被結構化的情況下，卻變得有些複雜。

　　例如，以某 A 同學而言，他的身分除了是他個人的自己之外，也是家庭中的兒子、班上的同學、某社團的會員、某政黨的黨員、某公司的員工、國家的國民，及世界的公民等等，這些不同的身分都隱含不同的利益訴求，所以他的自利，其實就會包括這些不同身分及因而連結的不同利益考量的成分。所以，A 同學的「自己」，顯然不等同於他的個人自己，還包括他的特定結構脈絡中各種身分的整合；而他的「自利」，顯然也會包括與其各種身分連結的利益訴求之整合。至於其真正的「自己」和「自利」，則要由其個人結構化脈絡中，他所認同的不同身分之輕重緩急，並依其輕重與大小加權整合之後，才能確定。比如說，對一個典型的中

產階級，其個人自己和家庭層面可能會扮演比較重的權數，但對一個革命軍或極端民族主義者而言，國家或民族的權數極可能將近於 100%，而對其個人自己的權數就可能幾乎等於 0。

◉ 安身立命決定自利的長期內涵

從歷史上看，儒家強調，讀書人必須從「誠物、正心、格物、致知、齊家、治國、平天下」的程序與步驟，培養內聖外王之道；這是他們最重要的安身立命之道。宋儒張載甚至進一步指出，這種安身立命，是要「為天地立心、為生民立命、為往聖繼絕學、為萬世開太平」。這種安身立命，其實就是要讀書人從其實存結構與歷史中，找出自己能徹底認同，且終生能戮力追求，並全力體現的「自己」；這種安身立命，顯然將決定個人或行為者終生最重要的自利走向。

其次，若從韋伯（Max Weber）的《新教倫理與資本主義精神》（*The Protestant Ethic and the Spirit of Capitalism*）（Weber, 1992）的角度看，17 世紀以來，英國清教徒之所以每天夙興夜寐、克勤克儉、兢兢業業的努力工作，即是要體現上帝的啟示，並累積世俗的功名、利祿，而證明自己是上帝的「選民」（the selected），但也因而促成資本的累積、人才的培養及產業的發展，導致資本主義的興旺與擴張。

總之，從結構化的角度看，每個人或行為者的「自

己」，是其結構脈絡之中各種結構化身分與角色大小輕重加權後的綜合結果；而「自利」，也是這些結構化身分與角色所涉及相關利害得失大小輕重加權之後的綜合結果。其中，每個人或行為者的安身立命，顯然將決定其長期在「自利」上的主要利益訴求內容與方向。

利益的內涵與形式
——直接利益與間接利益

▼

　　若從利益存在的本質內涵看，可以分成兩類，即「直接利益」和「間接利益」。兩種利益的特質不同，而對於個人或行為者的影響，亦有很大的差別。

　　「直接利益」是指在特定政治、經濟或政治經濟行為中，個人或行為者可以因而直接獲得或喪失的利益；這種利益又可稱為「目的性利益」，或說「終極性利益」，因為行為者可以直接擁有、使用、支配，或者處置它們。例如，涉及所得、年金、財富等的利害得失，都屬「直接利益」或「目的性利益」。

　　但「間接利益」卻不是一種「直接利益」或「目的性利益」本身，故不能直接擁有、使用，或支配、處置，但卻可影響「直接利益」或「目的性利益」的利害得失與大小多寡之取得與喪失；所以，又可稱為「工具性利益」，它通常是以「偏差」（bias）的形式而存在。政治上、經濟上或政治經濟上的重大聯合或衝突，例如，在大選中的競爭或區域經濟合作的形成等，都是以「間接利益」為訴求，或說，是以隱含特定「偏差」的方式進行訴求。

以「偏差」（bias）
為形式的間接利益

▼

　　Bias 這個概念，在學術上大概有三種主要的使用方式，但其概念內涵卻完全不一樣。第一種用法是在教育或分析人類行為時，bias 指其偏離於常規（norms），或偏離於倫理與道德等的規範性價值，故因而稱之為「偏差行為」。第二種用法是在統計學上，bias 的概念是用在從一個母體（population）進行樣本抽樣（sampling）時，為了瞭解樣本統計量（statistic）和母體參數（parameter）之間的理論上關係，以為抽樣後進行統計推論時的依據，故讓所有可能出現的樣本統計量以母體參數為中心，而形成一個常態分配；其中，所有樣本統計量之中，只有非常小的比率會跟母體參數相等，其他的樣本統計量都或大或小的分布於母體參數值的兩邊。只要與母體參數值不等的，不管或大、或小，都稱為「存在著 bias」。這種 bias 是因為抽樣而起，所以也是一種誤差（error），而稱「抽樣誤差」（sampling error）；表示 bias 是一種因抽樣而導致偏離於客觀母體參數值的誤差大小。

　　第三種 bias 的概念，則是本書所特別強調者。類似的

說法，最早見於雪特史耐德（E. E. Schattschneider）在 1960
年 出 版 的 《*The Semisovereign People：A Realist's View of
Democracy in America*》一書之中。該書以現實主義者的角
度分析美國的民主政治體制；當時，在美國政治學界主流的
多元主義者（包括多元團體論者），都強調其民主政治容許
個人可以組成各種利益團體，或稱壓力團體，而追求各種
公共利益。在該書的第二章中，他特別針對多元主義者的
這些理論，進行嚴厲的批評。他認為，利益，無論是特別
利益或一般利益，都不能只以人們的動機（motives）、渴
望（desires），或意欲（intentions）來說明，而稱之為偏好
（preference），因為這些都是主觀性的；相對的，必須將
人們的政治行為和他們所擁有的財產、所得、經濟地位及他
們的職業或專業等非人化的資料（impersonal data）連結才
具意義（Schattschneider, 1960：25）；換言之，他所謂現實
主義者的觀點，就是排除主觀性的論述，而須從客觀、實存
的結構性層面進行討論。

　　此外，他又實證性的檢視各種重要壓力團體的組織
與特質；他發現這些構成所謂「壓力體系」（the pressure
system）的壓力團體，其實都非常小，範圍也非常窄，絕非
如多元團體論者所說的那麼廣泛、普遍的存在和眾多的參
與，尤其它們都只跟所有企業內少數產業領域中，相當小比
率的企業組織有關，但卻因而造成整個壓力體系，「廣泛的
展現一種上流社會的偏差（Broadly, the pressure system has

an upper-class bias.）」（Schattschneider, 1960：32）；　他
甚至嚴厲、諷刺性的批評到，「團體論者的嚴重缺失，在
於隱藏了壓力體系的最重要面向，即在多元主義者的天堂
中，連他們在合唱聖歌時，都強烈帶著上流社會的腔調，
但也許約有 90% 的人，根本就進不了這樣的壓力體系」
（Schattschneider, 1960：35）。另外，有趣的是，他提到
「當一個團體準備好他們的利益訴求時，也會根據這些利益
而成立組織；這時也可以說他們同時創造了某種政治偏差
（political bias），因為組織本身就是一種準備採取行動的偏
差動員（a mobilization of bias）」（Schattschneider, 1960：
30）。

　　雪特史耐德的「偏差」，顯然是在描述個人或行為者
所具有某些客觀、實存的結構性特質，例如，上述的財產、
所得、經濟地位、職業或專業等；這些客觀、實存的特質，
不但容易理解而且不容易引起爭議，故與一般所謂具主觀性
意義的動機、渴望、偏好，或偏見等完全不同。所以，他的
「偏差」，可以用來表示或界定上流社會、企業團體，及壓
力團體等等實存的名詞或現象，及其背後所連結的客觀、實
存利益取向，而不會隨便引起爭議。但是，這種運用顯然還
是略嫌相對有限而且狹隘；相對的，他的「偏差動員」概
念，卻非常具有原創性和重要性，只是在書中並沒太多論
述，而只用於說明相關組織因「偏差動員」而成立的事實。
然而，坦白說，在雪特史耐德的書中，他並沒有太重視這兩

個概念，因為他在其原書第 143 頁至 147 頁的名詞索引中，他選了全書 151 個名詞而做了索引，但就是缺了這兩個概念。

　　本書的下一章，希望從「工具性利益」的角度，重新界定「偏差」這個概念；就像雪特史耐德用「偏差」來描述行為者的客觀、實存特質，本書將進一步用「偏差」來描述政治經濟行為中所涉關鍵性事務的客觀、實存利益，將對相關行為者造成不同的利害得失關係，從而影響這些行為者的不同反應和行動取向，尤其是聯合或衝突。相對的，「偏差動員」的概念，將用來說明隱含特定利害得失分配的「偏差」，將被特定行為者動員人力、物力而形塑，或運作，或變革的過程。隨著「偏差」概念的改變，「偏差動員」的理念，也將出現更為寬廣、豐富的發展；經過調整之後，「偏差」與「偏差動員」，將成為政治經濟學中最重要的兩個概念；它們將會是《臺灣政治經濟學》最稱核心的靈魂所在。

偏差與
偏差動員

Introduction

導論

　　「偏差」與「偏差動員」都是非常重要的概念。本章將分五節進行討論：其中，第二節將分析「偏差」這個概念的內涵；第三節將以投票法則之中的「偏差」為例，比較「單記法」和「連記法」所隱含「偏差」的不同；第四節將討論「偏差動員」；而最後的第五節，則將結合「偏差」與「偏差動員」的特性，討論組織與制度的政治經濟特性。

偏差

▼

　　雪特史耐德（Schattschneider, 1960）將「偏差」界定為個人或行為者的某些客觀、實存特質，並繼而以之作為分析該個人或行為者各種行為的基礎，但本書卻希望從工具性利益的角度討論它。前文（第四章第三節）提過，在政治經濟行為中，個人或行為者所能獲得或喪失的工具性利益，並非是可以直接擁有，或支配、使用的目的性利益，但卻會影響目的性利益的得失或大小。

　　因此，從工具性利益的角度看，在每個特定的政治經濟行為中，其所牽涉的關鍵性事務，必然會隱含客觀、實存的利益得失，而且會對相關的個人或行為者產生不同的利害得失關係；這種對相關個人或行為者造成不同利害得失的分配關係，即可稱為一種特定的「偏差」。這種特定的「偏差」，將對相關個人或行為者造成特定的支持或反對態度，也包括其強度的大小；繼而，影響他們的反應與行動。

　　例如，以垃圾不落地政策為例，所有的相關個人或行為者，包括有垃圾要傾倒的個人、家庭、商家，及其他組織或團體等，也包括垃圾收集者的環保局、清潔工、垃圾回收者、垃圾焚化廠，及透過垃圾袋徵收汙染稅的政府，和垃圾袋的製造商與販賣者等等。這個政策的任何一個環節，包括

收垃圾的時段、路線、垃圾的分類、垃圾袋的價格等等,都會在相關個人或行為者之間,產生特定的利害得失關係與變化,也就是促成特定「偏差」與「偏差」的變化;這些特定的「偏差」內涵與變動,都將影響相關個人或行為者不同強度的支持或反對,終而影響該政策的制定、運作與變遷。

因此,就理論層面看,一個政治經濟行為中,其所涉及關鍵性事務所隱含的「偏差」,主要包括兩個部分:其一是,它隱含一種特定的利益分配模式;其二是,它涉及所有相關行為者之間。所以,它指涉的是,涉及所有相關行為者之間的一種特定的利益分配模式(a specific interest distribution pattern among the related actors)。比如說,任何政策必然為相關的所有個人或行為者帶來特定的利害得失,例如,對相關行為者 a 很有利,對 b 小有利,對 c 小有害,對 d 大有害……等等。這種涉及所有個人或行為者的特定利害得失分配模式,就稱為該政策的特定「偏差」;此偏差不含價值判斷,而不在於說明它偏離於常規、道德標準或倫理規範,也不在於說明它偏離於某種客觀事實的誤差現象;它只是一個描述性的名詞,只在說明涉及所有相關個人或行為者之間,一種特定的利害得失分配模式。這個分配模式,或說,這個「偏差」,必然將影響這些相關個人或行為者的態度與行為取向,甚至他們之間的聯合或衝突。

這種「偏差」的特質,不僅見於特定的政策,也見於各種組織、制度、程序、委員會、競賽規則、投票法則,甚至

各種主義、訴求，以及各種理論與主張之中；誇張的說，這種「偏差」，幾乎是無所不在，尤其是在這個非常強調個人主義的後現代年代更是如此。

　　組織含有「偏差」的特質，事實上是非常淺顯而容易了解的，比如說，組織都有內外之別，組織內部的成員和組織外部的個人或行為者，基本上對於組織的權利與義務關係就有所不同；其次，組織內部的權力結構安排、領導體系、決策體系、公文流通體系、獎懲辦法，甚至投訴體系等，對相關的個人與行為者，都顯然隱含特定的利害得失關係，即隱含特定的「偏差」。相對的，制度隱含特定「偏差」的事實，亦很容易了解；它跟組織的差別，只在於組織可以變成行為者，而制度不行。

　　程序之中隱含「偏差」的情形，可以從立法院的立法為何要有三讀程序，及其 8 大常設委員會的設計，可以了解。尤其 8 大常設委員會的改組中，為何召集委員的競爭會是那麼激烈，因為他或她會影響議程的安排，及議事的順利與否；當然，就此而言，特別委員會的程序委員會之競爭，更是不在話下。

　　競賽規則隱含「偏差」的特性，可以觀察拳擊賽、舉重賽為何依體重而有不同等級的劃分，但籃球賽卻沒依身高而有天龍與地虎之別，以致於影響比賽的勝負。其次，在決策程序中的多數決，到底是依超過二分之一的多數，或依超過三分之二的多數，或甚至超過四分之三的多數，其所隱含的

「偏差」亦顯然是不一樣。另外，各種主義與訴求等隱含特定「偏差」的事實，只要想想，為何俗話都說，自由主義是強者的哲學，而社會主義是無產階級的護身符，應該就可以了解。其他有關投票法則中的單記法與連記法的「偏差」問題，的確是相當常見，但卻比較複雜，而須要進一步舉例說明。

投票法則中的偏差
——單記法 vs. 連記法

▼

　　我國的監察委員選舉，自 1947 年以來都是由省市議會議員採取連記法的方式進行，一直到 1991 年終止戡亂之後，憲法增修條文才改由國民大會的國大代表選舉，並於 1992 年開始實施；1998 年之後，更改為由總統提名，並由立法院行使同意權而決定。

　　1986 年是最後一次監察委員由省市議會議員選舉產生；該年的選舉，實際上當然還是採取連記法，而且是以當選名額的半數為連記上限。但是，為了比較單記法與連記法的不同偏差特性，本節的討論，基本上只取 1986 年省議會 77 位省議員，要投票選出 12 位監察委員的基本結構；至於其他，如單記法投票及省議員投票規則的相關假設，將顯然不同於實際狀況。

選局： 77 位省議員選出 12 位監察委員為例。

黨籍結構： 執政黨籍 55 名；在野黨籍 22 名。

投票規則： 單記法或以不超過當選名額半數的 6 票為上限的各種連記法；根據黨籍而投票，沒有買票，也沒

有換票。

一、單記法：每位省議員各投 1 票。

總共 77 票；執政黨 55 票，在野黨 22 票。

最低當選票數：6-7 票。

席次分配：執政黨 9 席，在野黨 3 席。

二、連記 2 票：每位省議員各投 2 票，但不能投給同 1 人，也可以只投 1 票。

最多總共 154 票；執政黨最多 110 票，在野黨最多 44 票。

最低當選票數：12-13 票。

席次分配：執政黨 9 席，在野黨 3 席。

三、連記 3 票：每位省議員各投 3 票，也可以只投 1 或 2 票，但不能投給同 1 人 2 票及以上。

最多總共 231 票；執政黨最多 165 票，在野黨最多 66 票。

最低當選票數：若以 231 票平均分攤給 12 席，則最低當選票數為 19-20 票，但執政黨的最多 165 票卻不足以每 1 席配 19 票，以至於出現策略性投票，而讓 18 票即足以支持 1 席，而為最低當選票數。

席次分配：執政黨 9 席，在野黨 3 席。

四、連記 4 票：每位省議員各投 4 票，也可以只投 1、2 或 3 票，但不能投給同 1 人 2 票及以上。

最多總共 308 票；執政黨最多 220 票，在野黨最多 88 票。

最低當選票數：若以 308 票平均分給 12 席，則最低當選票數將為 25-26 票，但在野黨最多只能投出以 22 票

支持 1 席，所以必然會以策略性投票支持 4 位候選人，每人 22 票。執政黨大概也只能以 23 票支持 1 位候選人的方式，而支持 9 位必然當選的候選人，而或可以用 22 票支持 1 位候選人的方式支持 10 位候選人，然後用抽籤的方式從 14 位候選人中選出 12 位監察委員；前者的可能性應該會高於後者。真正的最低當選票數將會是 22 票。

席次分配：最可能是執政黨 9 席，在野黨 3 席；但若以抽籤決定，則可能是 10 席對 2 席，或 9 席對 3 席，但也可能是 8 席對 4 席。

五、連記 5 票：每位省議員各投 5 票，也可以只投 1、2、3 或 4 票，但不能投給同 1 人 2 票及以上。

最多總共 385 票；執政黨最多 275 票，在野黨最多 110 票。

最低當選票數：若以 385 票平均分給 12 席，則最低當選票數將為 32-33 票，但在野黨最多只能投出以 22 票支持 1 席，所以必然會以策略性投票支持 5 位候選人。相對的，執政黨可以 23 票支持 1 位候選人的方式，而支持 11 位必然當選的候選人，然後將剩下的 22 票再支持 1 位候選人，並和在野黨的 4 位候選人以抽籤的方式選出 1 位監察委員。最低當選票數將會是 22 票。

席次分配：執政黨可能 11 席或 12 席，而在野黨則可能 1 席或沒有。

六、連記 6 票：每位省議員各投 6 票，也可以只投 1、2、3、

4 或 5 票，但不能投給同 1 人 2 票及以上。

最多總共462票；執政黨最多330票，在野黨最多132票。

最低當選票數：若以 462 票平均分給 12 席，則最低當選票數將為 38-39 票，但在野黨最多只能投出以 22 票支持 1 席，所以必然會以策略性投票支持 6 位候選人。相對的，執政黨可以直接將其 330 票直接平均支持 12 位候選人，則每位候選人可得 27-28 票，或至少以 23 票支持 12 位候選人，則仍然可以贏得全部 12 席次。因此，最低當選票數可以是 23 票，或 23 票以上到 27 票均可。

席次分配：執政黨顯然可以贏得全部 12 席次。

結論： 1. 單記法相當於比例代表制，可確保小黨取得等比例的席次。

2. 連記法卻會讓大黨對小黨的比例優勢，呈現加權擴張趨勢，故在連記數增加時，最低當選票數亦會隨著增加，而只要最低當選票數增加到多於小黨的人數門檻，則可能讓小黨全軍覆沒，而完全拿不到任何席次。例如，從連記 4 票到連記 5 票，雖然最低當選票數仍維持在 22 票（小黨的人數門檻），但大黨的席次已經突破以往的 9 席，而為 11 席或 12 席；故當連記 6 票時，最低當選票數已經超越 22 票，而讓大黨席捲所有的 12 席。

偏差動員
——偏差的形成、運作與變遷

▼

　　偏差動員的運用，可以見於偏差的形成、偏差的運作，及偏差的變遷之中，而且可以針對不同的偏差，而有不同的偏差動員方式和內容。

◉ 偏差的形成

　　本書第四章中提過，雪特史耐德認為，當壓力團體的行為者為了採取行動，所以會促成組織的形成，並稱之為「偏差動員」。其實，偏差動員可以有很多種方式，而不限於組織的形成；只要是採取行動去促成對自己有利的任何一種「偏差」的形成，都可以視為是「偏差動員」。其次，從實存上看，因為「偏差」存在於政策、組織、制度、程序、規則、主義、論述等等之中，所以「偏差」幾乎是無所不在，而「偏差動員」亦因而可以非常普遍的運用；只要是特定的個人或行為者動員人力、物力，以促成一個特定「偏差」從無中生有，例如形塑一項政策、一個組織、一項制度，或一個程序、規則、主義、訴求等等，都是一種「偏差動員」。

◉ 偏差的運作

一項「偏差」形成之後，在其實際的運作之中，這個「偏差」所隱含對於相關行為者之間的利害得失關係，即會啟動而展現其相關作用，並表現出是一種「偏差動員」的樣態。例如，一項政策，被相關行為者依偏差動員的方式，而完成該政策的制定；接著，在政策執行的過程，該政策所隱含的特定「偏差」，即開始對相關行為者發揮其作用，而出現利害得失的特定分配關係，亦可視為一種「偏差動員」。

◉ 偏差的變遷

任何的「偏差」都不是形成或運作於真空之中，而是被實存政治經濟脈絡所結構化的；只要這種「偏差」的政治經濟特性，大致上符合於支撐這種「偏差」的特定政治經濟結構和政治經濟脈絡的特性，它將會繼續存在下去，否則就會被另一種「偏差動員」所調整或變更，而出現該「偏差」的變遷。

對一項政策而言，這種偏差變遷的情況，其實可能出現於該政策的政策制定過程之中；換言之，即在政策制定過程的偏差動員之中，就可能出現針對該偏差動員的各種修正與調整，或甚至是反動員，或另起爐灶而出現另類的偏差動員。其次，類似的狀況，也可能出現在該政策的政策執行

中，尤其，當該政策的「偏差」開始發揮作用時，相關行為者對該政策的利害得失將更為敏感，而可能出現各種聯合與衝突的行動，企圖改變該政策的執行（蕭全政，1997a）。

組織與制度的政治經濟特性

▼

◉ 組織作為一個行為者

　　組織與制度都會隱含特定的「偏差」，但是，兩者的最大差別，還在於組織可以做為一個行為者，而制度卻是不能。做為行為者的組織，它的特性，其實是跟其他個人或行為者是一樣的；它是理性的，也是自利的，但也同樣是被結構化的。它有被結構化的特定機會與限制；而它們也同樣具有器物層次、制度與行為層次，及文化與意識形態層次。它具有社會鑲嵌性，也同時必須面對不同層次的行為者；然而，最重要的是，它具有主體性和整體性，並因而具有政治經濟理性，而可透過「偏差動員」，追求各種政治經濟利益。

◉ 組織被結構化

　　組織不是獨立存在的，從初始成立的開始，正如雪特史耐德所指出的，它就是一種「偏差動員」的結果。一群個人或行為者為了準備採取行動，就根據他們的目的取向，動員了必要的人力、物力，而成立了組織，包括確立組織目標、

組織結構與層級分工、人員的進用與管理,及內部的運作
規則與制度等等;這些不同措施,其實也都分別隱含特定的
「偏差」。組織成立過程的「偏差動員」,讓組織從無中生
有,而形塑了組織所代表、隱含的各種「偏差」之出現;這
些「偏差」將影響,甚至決定了組織及其內部所有成員之間
的權力與利益關係,也影響其與外部個人或行為者之間的權
力與利益關係。組織就是被鑲嵌在這種結構網絡之中,當然
也因而具有特定的結構限制與機會,特別是最初始的偏差動
員者們,他們通常不一定只是單純的個人,而可能是複雜的
組織體系和網絡,則組織更是被鑲嵌在複雜的組織網絡體系
之中。

◉ 組織的被穿透與對外穿透

在複雜的組織網絡體系中被結構化的組織,可能被外
來的個人、團體或組織所穿透,但也同時穿透外在的個人、
團體與組織;這些穿透與被穿透的情節,主要仍決定於組織
的初始形成過程,及後來的組織運作與組織變遷過程(蕭全
政,1997a)。基於被穿透與對外穿透,任何的組織通常就
鑲嵌於複雜的組織網絡體系之中,追求其自身的生存與發
展;為此,並會與複雜組織網絡體系中的相關個人、團體,
或各種組織,產生特定的政治經濟互動,或進行各種聯合與
衝突。

權力

導論

　　權力，在政治學中是一個非常核心的概念，而經濟學與社會學中，偶而也會提及；但是，這個概念的內涵，無論是在政治學、經濟學或社會學中，卻是莫衷一是，相當的混亂。嚴格的說，權力概念的內涵，其實是由學術典範所決定；為了說明此種狀況，本章第二節將先引介一些有關權力的流行語，以說明其含意的多元性，甚至模糊性；其次，第三節將先從菁英論者（elitist）的角度，討論菁英（elite）和大眾（mass）的區別，再從多元主義（pluralism）的角度，比較其與菁英論（elitism）在權力概念上的不同；最後，本章第四節的討論，將依盧克斯（Steven Lukes）的觀點，而綜合討論三種不同的權力觀，及它們所受不同學術典範的影響。

　　其次，本章基本上是依據盧克斯（Steven Lukes）的觀點而鋪陳，但是，盧克斯的書《Power：A Radical View》有兩個版本；其第一版是 1974 年出版，第二版則在 2005 年面世。有趣的是，第一版有 63 頁，但第二版卻擴張至 192 頁；兩個版本的立論跟框架，基本上是一樣，但第二版多了很多篇幅，主要是作者針對三十年來不同學者們對其第一版的

意見，進行綜合的回應、補充和反駁。所以本章第四節的討
論，仍先論第一版的基本架構，再談他在第二版的修正與補
強。

有關權力的流行語

▼

◉ **阿克頓勳爵（Lord Acton）：Power tends to corrupt, absolute power corrupts absolutely.**

「權力傾向於會腐化，絕對的權力絕對會腐化」。

阿克頓勳爵的這一段話，有很多的中文翻譯，其實並不是很精準。他的「tends to」其實只強調「傾向於」的意涵，並沒有「必然」或「一定會」的意思；但，假如是絕對的權力，那必然絕對會腐化！

◉ **作者不詳：Power impinges on the weak.**

「權力會侵襲脆弱的地方」，權力會往脆弱的地方侵襲；有點類似中文的，權力會是「軟土深挖」，只要是軟土，就會不斷的被挖，不一定是最軟的土才會被挖。

◉ **戴高樂（Charles de Gaulle）：Only power can check power.**

戴高樂是 1960 年代法國的總統；他在國際政治上被認

之間的流動性，而菁英之所以變成大眾，可能是因為他在其他領域表現不太好，而大眾之所以進階菁英，則除了他的其他領域表現夠好之外，還主要因為他有菁英的文化教養與信仰，及類似的社會團體參與和類似的社會組織網絡。

◉ 多元主義的權力觀

多元主義強調，每個社會的權力分配，並非集中於少數人的手中，而是多元分散的，即社會的權力結構是流動不居，而非穩定不變的。

每個人隨時都可以根據他的偏好，形成或參與各種團體，並運用權力而促成或推動各種政策的制定；政策完成之後，團體亦隨而解散，另外參與其他團體，推動其他政策。

因此，權力的擁有與存在，都是隨著政策的制定與變遷，而隨時出現變化與發展；每個社會根本就不存在穩定不變的社會權力結構。

盧克斯的三種權力觀

　　盧克斯的第一種權力觀，是以多元主義（pluralism）為代表，但稱為單面性的權力觀（one-dimensional view of power）；第二種權力觀是以改革主義（reformism）為代表，稱為雙面性的權力觀（two-dimensional view of power）；而第三種權力觀，則是以基進主義（radicalism）為代表，稱為三面性的權力觀（three-dimensional view of power）。盧克斯也從對權力的定義、權力的觀察焦點、權力的觀察場域、利益的樣態，及衝突的形式等五方面，進行三種權力觀的比較（Lukes, 1974）。

◉ 單面性的權力觀：多元主義

　　單面性的權力觀是以多元主義者的論述為代表。他們的主要論點，幾乎就是針對菁英主義者所強調的社會權力結構的穩定及菁英統治，而主張以議題、政策和多元團體為主流的民主政治模式；因此，他們重視的是對於權力的運用，而且以政策的制定，即政策決策，為主軸而分析。

⑴定義：A讓B做原本不會去做的事，即表示A對B運用

　　權力。

(2)**焦點**：決策，即決定去做或決定不去做的事情。

(3)**場域**：關鍵性的議題（key issue），即政策性議題上。

(4)**衝突**：可觀察到的公開衝突（overt conflict）。

(5)**利益**：以偏好（preference）來表示。

　　這種權力觀，即表示在公共政策領域中，擁有特定政策偏好或利益訴求的 A，和擁有不同特定政策偏好或利益訴求的 B，可以在涉及特定政策議題的決策上，公開進行不同政策偏好與利益訴求上的角力與衝突；最後，若 A 贏過 B，而確立政策的決策，即表示 A 對 B 運用了權力。

◉ 雙面性的權力觀：改革主義

　　雙面性的權力觀，除重視決策的議題，還重視非決策（nondecision-making）的部分，盧克斯稱之為改革主義者所強調；由於其典範層次的理論內涵接近於菁英論者，故其理論亦可稱為新菁英論（neo-elitism）。

(1)**定義**：在決策過程中，動員特定的價值及程序等，而將最終的決策侷限於特定或安全、無害的領域。

(2)**焦點**：決策與非決策。

　　決策的內容，包括決定去做與決定不要做；但非決策並

非決策本身，而是利用決策的過程，動員某種特定的社區價值（例如，民法規定，其內容與規定不能違反公序良俗），或制度性的安排，而將某些政策訴求排除。立法院中各種專業委員會，特別是程序委員會，亦可利用議程的安排，而將某些議題排除於議程之外，也算是非決策的重要例子。

(3)**場域**：關鍵性議題與潛在性可能議題。

雙面性的權力觀涉及兩個焦點，即決策與非決策，故其場域亦有兩個，即涉及決策的關鍵性議題領域，和涉及非決策的潛在性可能議題領域。

(4)**衝突**：基於兩個焦點、兩種場域，及兩種利益訴求和議題的存在，雙面性的權力觀，事實上也意味著兩種可觀察的衝突之事實，即公開的衝突與被掩蓋的衝突。

(5)**利益**：在決策部分，其利益仍以偏好來表示和角力；但在非決策的部分，由於並不為決策過程之外的個人或行為者所了解，所以那些被排除於議程的訴求，通常只會帶來他們的抱怨（grievance）。因此，抱怨的存在，亦是反映一種利益訴求和潛在性可能議題的存在。

◉ 三面性的權力觀：基進主義

基進主義的觀點，強調其重視實存、客觀的範圍和角度，故他們不以決策和非決策為範圍，亦不會只像前兩種觀

點般限於可觀察的行為層面,而可能及於結構性的,甚至文化性的層面。因此,只要 A 影響 B 的真實利益,就表示 A 對 B 運用了權力。

(1)**定義**:除了決策和非決策之外,若 A 透過形塑人們的認知、想法與偏好,而改變他們對於利益的看法,即使這些被改變看法的行為者們都不知道,也表示 A 對這些行為者們運用了權力。例如,各種商業廣告,及各國的文宣部門、新聞部門或教育部門,似乎都有這一類的作用與功能,但是被影響的行為者卻不一定都了然於胸。

另外,最為特殊的是,某些可以改變行為者對於利益看法的特質,早就隱含於傳統歷史文化或長期的社會集體行為之中,以致於可能完全沒有被意識到,但是它們其實也都代表著是一種權力的運用。例如,婦女解放運動中所批判的男性沙文主義文化和家父長制的宰制體制,像三從四德、女性不能參與繼承等的說法與傳統。

(2)**焦點**:三面性權力觀的焦點,除了決策與非決策之外,可能還會涉及行為與制度層面,甚至文化與意識形態層面的偏差動員。

其實,在雙面性權力觀裡面,其動員社區價值或議程安排等所導致的非決策現象,就是偏差動員,只是在三面性權力觀中,它更屬普遍,包括上列各種廣告,及文宣、新聞或教育部門的正面、積極促成性的作為,都屬之。

(3)**場域**：關鍵性議題與潛在性可能議題。

三面性權力觀的場域，看來與雙面性權力觀的場域是一樣，但其實這只是分類上的一樣；其實在實際內涵的深廣度，或說，質與量上，卻可能出現非常大的差別，尤其是在潛在性可能議題上，差別更大。

(4)**衝突**：公開衝突、被掩蓋的衝突，及隱性衝突。

三面性權力觀的衝突，將包括公開衝突、被掩蓋的衝突，及隱性衝突；其中，隱性衝突是指已經存在但卻還沒有被充分認知到的衝突。例如，戰後臺灣在威權體制時期，即已存在很多隱性衝突，諸如政治權力分配的省籍矛盾、經濟利益分配的勞資衝突，及其他涉及環保、消費者權益、性別、老兵返鄉等等矛盾，而一旦解除戒嚴，甚至終止戡亂之後，這些隱性的衝突即表象化，並帶來激烈的政治、經濟、社會、文化，及法律等的變遷。隱性衝突不但檯面化，而且掀開被掩蓋的衝突，同時激烈化各種公開的衝突。

(5)**利益**：真實利益。

三面性權力觀所涉及的利益，是指實存、客觀上的真實利益；這絕對不是深藏主觀意識的偏好或抱怨等所能相提並論。然而，就因為強調實存、客觀，所以也帶來難以完全克服的難處；在概念上，所謂的客觀，是指獨立於人的存在而存在，但是這種存在，仍須透過人的認知、表達而呈現，既然仍須透過人才能夠呈現，那怎能又稱是客觀？這

的確是一個社會科學中，涉及研究方法、方法論，特別是社會科學哲學中非常難解，甚至是無解的問題；其解決方法與內容，基本上是由理論典範所決定。

基進主義在強調實存、客觀存在的過程中，在由時間和空間脈絡所構成的歷史觀與世界觀的連結下，仍可以鋪陳出具整體性與長期性的因果流轉；而這種實存和客觀的整體因果脈絡流轉，可以由個人或行為者透過主體和主觀的努力，而漸進性的趨近於所謂的客觀、實存，故真實的利益亦可依這些努力而逐漸趨近。三種觀點的比較，見表1。

│表 1│ 三種權力觀的比較

種類	單面性權力觀	雙面性權力觀	三面性權力觀
代表典範	多元主義	改革主義	基進主義
特色	行為面	有限度的批評行為面	全面批評行為面
焦點	決策	決策 & 非決策	決策 & 政治議程控制（不必然透過決策）
場域	（關鍵）議題	議題 & 可能議題	議題 & 可能議題
衝突	可觀察的（公開）衝突	可觀察的（公開或被掩蓋的）衝突	可觀察的（公開或被掩蓋的）衝突 & 隱性衝突
利益	（主觀）利益，表現在政治參與的政策偏好上	（主觀）利益，表現在政策偏好或抱怨上	主觀 & 真實利益

＊資料來源：整理自 Steven Luke.2005. Power：A Radical View, p. 29.

　　盧克斯在其書 2005 年的第二版中，除了維持基本框架之外，也沒有改變太多他對三種權力觀的論述；但是，在書中除了引經據典補強並反駁各界的批評之外，他也先自我檢討，認為他的第一版對於相關主題的討論，太局部性而且單面化，包括，首先，它完全集中在權力的運用（exercise of power）上，而且只處理不對稱的權力（asymmetric power）──某人對其他人施用權力（power of some over others），尤其只涉這類中的一部分，即只討論如何確保被支配者的順服。其次，它也只以兩位元的雙人關係模式，處理具單一利益的行為者間之權力關係；其實應該放寬到更多行為者，而且涉及多種不同的利益（Lukes, 2005：64）。因此，在眾多多元主義者的補充與反駁中，盧克斯改變了單面性觀點中有關權力的界定。在他承認是一種錯誤之後，他認為「權力是一種能力（capacity），而不是權力的運用（Lukes, 2005：12）。

　　其次，在第二版中，盧克斯對三種權力觀也做了結論：「單面性權力觀對於政治行為者的決策權之行為研究，提供了一個截然清晰的典範，但是在強調可觀察性前提下，它無可避免地承襲了政治系統的偏差（the bias of the political system），以致於看不到政治議程是被控制的。雙面性權力觀指出檢視這些偏差和控制的方法，但他們對兩者的看法仍然是太狹隘了；總之，就是缺乏一個不但可以檢視決策與非決策權，也能檢視社會中壓制隱形衝突的各種方法之社會學

角度觀點。這樣的檢視會帶來很多嚴重的困難；這些困難是會相當嚴重，但應該還不至於不能克服⋯⋯我的結論是，簡言之，對權力關係的進一步分析是可能的，但這個分析立即就變成是充滿價值判斷的，無論是理論上或實證上都是如此」（Lukes, 2005：58-59）。

因此，盧克斯繼而引用莫利斯（Peter Morriss）在其書《*Power：A Philosophical Analysis*》中所提出的，在討論權力時，必須重視其相關的三種實存上的相關網絡（contexts），即「實行上的」（practical），「道德上的」（moral），及「評估上的」（evaluative）相關網絡。「實行上的」網絡，指你必須知道你自己和其他人到底擁有多少權力，才能知道他或他們可能為你帶來什麼好處或壞處；「道德上的」網絡，是指跟責任（responsibility）有關的事務，特別是涉及有權者時；而「評估上的」網絡，則是涉及對社會體系與社會中權力分配狀況等的判斷或評估。基進主義者對於社會的批評，須要先能評價整個社會，而不是只讚美或責怪某些人；如莫利斯所指出的「偏執狂誤謬」（the paranoid fallacy），即將「缺乏權力導源於支配」（powerlessness results from domination），就是說，社會上有人沒有權力，那都是有權者陰謀操弄的結果（Lukes, 2005：65-68）。社會上的某些人為什麼沒有權力，一定涉及整個社會其他更複雜的原因。

作為一個激進主義者，他因而強調，「社會生活（social

life）只有透過對權力與結構的互動才能妥善的被了解；這個結構包括了所有行動者（agents）可能採取行動的整體可能性組合，這些行動者在既定的限制下，進行選擇或使用策略，可以是積極主動的或消極被結構化的，而其結果，就是這些限制的擴大或縮減」（Lukes, 2005：68-69）。這個社會，除了各類行為者，包括個體的和集體的，也包含各種制度或結構性的社會安排；權力的特質與作用，都必須從這些社會安排之中去觀察、釐清與分析。社會中的每個行為者，就算是最低下的奴隸或奴才（Lukes, 2005：68-69），仍然會根據他的價值，或隱藏於其信仰、習慣、風俗，或同儕規範中的價值等等，自由的、理性的，甚至自利的方式，去面對這些社會安排，而進行最有利的選擇或反應。盧克斯曾引用史考特（James Scott）在其書《*Domination and the Arts of Resistance：Hidden Transcripts*》中的一則衣索比亞的諺語，即「一個偉大的主子死了，一位聰明的佃農，就在其靈前深深的一鞠躬，同時不聲不響地放了一個很不屑的屁」（Lukes, 2005：125），而同時滿足了社會安排的價值和他個人心中的價值；此正表示他是自利的，而且具有計算能力（Lukes, 2005：125-127, 132）。

另方面，盧克斯也非常肯定葛蘭西（Antonio Gramsci）的文化或意識形態霸權（hegemony）理論。葛蘭西在監獄裡，一直在思考為何革命沒有發生，以致於讓他一直被關在監獄之中；最後，他終於看透了老年馬克思（Karl

Marx, 1818-1883）的僵化理論，而回到青年馬克思的想法。老年馬克思認為，人類歷史是由經濟生產方式（the mode of production）所決定，所以它是一種底層結構（infrastructure），其他的包括政治、教育、宗教及文化等，都是由底層結構所衍生的上層結構（superstructure）；但是葛蘭西從青年馬克思曾觸及但沒充分發揮的「觀念、價值與信仰領域」（territory of ideas, values, and beliefs），找到思想上的啟發，而強調文化與意識形態其實是可以影響底層結構；他終於相信，布爾喬亞階級（bourgeoisie）透過觀念、價值與信仰的作用，特別是加上政治、教育與宗教和文化上的影響，可以形成其意識形態霸權，而讓普羅階級（proletariat）給出了他們的認同或同意（consent），以致於避免革命的發生（Lukes, 2005：7-8）。

　　其他實際的個案，仍可見諸於消費者主義的抬頭、婦女解放運動的發展，及銀髮族的出現與成長；其中的消費者、婦女團體，和銀髮族，原來都是相對弱勢的社會團體。當然，對於盧克斯而言，他更舉雷根主義（Reaganism）和柴契爾主義（Thatcherism）為例；讚歎他們竟然可以在共產主義崩盤之後，將新自由主義的理念，進行橫掃全球性的推廣，而成為「『霸權』中的超級個案（a mega-instance of 'hegemony'），……更值得我們好好想想要怎麼看待權力才算是適當的（an appropriate way of thinking about power）」（Lukes, 2005：10）。他的意思其實很簡單，即本段所列的

各種個案，都合於他在本書三面性權力觀中的論述；如果你還不夠明白，就應該再看看他的書，至少他可以教你，怎麼透過偏差動員的方式，形塑一種文化或意識形態論述、一種政策訴求，或一種文化「霸權」，而強化你的權力能力或權力的運用。

第 7 章

Political Economy
of Taiwan

國家與其
政經行為

Introduction

導論

　　在海峽兩岸的交流與對抗之時，或國內藍綠的競爭與惡鬥之中，國家這個概念經常都扮演著重要的角色。然而，若從歷史的角度看，人們可能會發現完全不同的景觀。並非人類有史以來即有國家存在；它是歷史的產物，而其形態與內容，事實上也依歷史的變遷而不斷在發展，甚至有很多人主張，隨著全球化的發展及地球村的形成，國家作為一種政治組織，也可能完全逐漸萎縮而消失。

　　但是，無論腦袋世界怎麼想，或怎麼期待，我們還是必須腳踏實地，從腳跟天下的當下，切實地好好檢討國家的特質與形構（formation），尤其是其可能的政治與經濟行為，才能至少有助於解決當前在兩岸之間或在臺灣內部的諸多政經問題，甚至還包括其他各種社會、文化、法律，及科技與軍事等方面的問題。

　　當然，在臺灣學界，長期以來，國家到底能不能做為一個行為者，或要如何當成一個行為者，一直都是一個爭議、模糊，而且講不清楚的議題。所以，比如說，國家利益的內涵，到底是由國民個人利益的加總，還是由代表國家的機關說了算？問題是，代表國家的機關又那麼多，那誰又真正能

代表國家？真正能代表國家的機關，又將如何評估、掌握真
正的國家利益，而不只是反映政黨的利益、派系的利益，或
甚至只是個人的利益？

國家

▼

◉ 國家是歷史的產物，也在歷史變動中發展

國家作為一種政治組織，是在人類歷史的變動中出現；然而，它也在歷史的變遷中不斷在發展。一般而言，人類歷史自 16 世紀末到 17 世紀初，即逐漸從封建時代慢慢轉入現代主義時期，而有現代國家體制的出現；這種以國王為中心而取代過去以君王為中心的體制，重新組合了人、土地與統治者之間的關係。然而，隨著政治與經濟的發展，這些人、土地與統治者之間的關係，亦不斷的出現變化，而展現在國家形構的變遷。

⑴國家四要素：人民、疆域、主權、政府

現代國家有四個主要的要素，即人民、疆域、主權和政府。在封建時代，例如，在周朝，有「普天之下，莫非王土；率土之濱，莫非王臣」之說，但是在現代國家體制之下，例如，在秦朝之後，可以發現，在周朝的王，並非現代意義的國王，而只是君王，因為在號稱天子的君王之下，還有特定的分封體系；此分封體系和現代國家的差別，在於主權和政府的形式與內容完全不同，而且因而產生的對於人民

與疆域的最高支配力也完全不一樣。換言之，在分封體系之下，對於所謂「王土」和「王臣」的支配者、控制者，可以是多元的，而且很難說誰才是最具支配力或控制力的，何況不同層次的諸侯們，也可能隨時都在相互爭戰之中，而非固定不變。所以，主權的概念，對現代國家體制而言，是非常重要的；它強調對特定疆域上面的所有人民，具有最高的控制權，而且對於疆域之外的其他主權具有獨立不受控制的特性。但是，隨著現代主義的後現代化發展，現代國家體制的主權概念，也逐漸有複雜化的轉變。

(2) 主權

對於現代國家非常重要的主權概念，其實不能只以一個概念的方式來理解，而是要有實存的政經實力做支撐。例如，在近代史上，中華民國成立之後，並非立即對其疆域上的所有人民都具有最高的控制權，因為各地還存在著不受中央政府指揮的割據勢力，隨時還想挑戰中央政府的權威；而就算蔣介石於 1926 年誓師北伐，並於 1928 年達成形式上的全國統一，但事實上仍有散布各處的軍閥割據。另外，還有共產黨的內亂未平，甚至在 1947 年 12 月 25 日，國家開始施行憲政，蔣介石也在 1948 年 5 月 20 日正式就任總統，但共產黨仍是到處作亂，而且還有擴大的傾向。所以，主權是一個實存的現象，而非抽象的概念。

在現代國家成立之初，通常主權是屬於國王所擁有及行

使，尤其是在絕對王權（absolutism）的時代，所以法國的路易十四會說，「朕即國家」。然而，隨著政治、經濟的發展，特別是中產階級所代表的企業與政黨政治的發展，主權的控制會逐漸從國王移到政府，而且會逐漸的進一步移到人民身上，變成國民主權；當然，名義上都仍然經由政府代為行使。

主權概念所強調「對內最高、對外獨立」的原則，是歐洲各國在 1648 年簽署西伐利亞條約（the Westphalia Treaty）時所確認；但事實上，隨著歷史的變遷，主權的概念也一直隨著這些歷史變遷，而出現不斷的變遷。在歷史上的 17 世紀，主權是國際法賦予一個民族國家「國格權」的一種說法，這種說法類似國內法賦予它的人民「人格權」，而稱人人平等一樣；這是一種形式主義化的說法，只要是法律上承認的一個完整的人，而不被限制行為能力或禁治產，包括依法成立的社團法人或財團法人，不論其大小強弱，都有平等的人格權，國家也一樣而有國格權，故被強調完整而不能分割。

但是，這是現代主義的觀念，在實存上，尤其是在後現代主義時期，甚至可以發生將主權一分為二、二合為一，或甚至是分層處理的事實。例如，兩德的分立與統一，正表示主權是可以切割為二，也可以二合為一；而當歐盟成立之後，亦發生主權是可以依照功能上的需要，而能夠被分層或剝離的現象，尤其香港和澳門特別行政區的制度，更表示主

權是可以將國防和外交分層剝離，並歸屬於中國政府，而剩下兩個特別行政區則只分別擁有「高度自主權」。當然，1991 年，南、北韓依「one nation, one country, two states」的模式，而同時加入聯合國，亦展現另一個主權可以分立的典型。其實，李總統在 1999 年提出「兩岸至少是國與國關係」的說法，強調的也是「state to state」的關係。

⑶國家—— nation，country，state

　　在英文中，可以中譯成「國家」的有三個字，即 nation，country，和 state。這三個字雖然都可以翻成「國家」，但意義其實並不完全一樣。相對於國家的四個要素，nation 較相當於人民，country 較相當於疆域，而 state 則較相當於擁有主權的政府。由於 state 著重「具有主權政府」的概念，故 state 和 government 的意涵也容易混淆；其實若就廣義的 government 而言，兩者是相等的，如說中華民國政府，但若就狹義的 government 而言，其實就等同於其行政部門，如說雷根政府或川普政府。

　　美國的 the United States 出現之後，又有聯合國的 the United Nations 跟隨；這並非出現品牌或名稱上的仿冒，而是表示兩個概念及所涉及的兩個組織特性上的差異。前者表示有主權特質的邦或州之間的連結而成一個國家，而後者則表示由很多重視人民、代表人民的國家組合而成的聯合國，所以它向來也特別彰顯人民所關心的事務，例如人權，包括

聯合國兩公約，即公民與政治權利國際公約，及經濟社會文化權利國際公約。

⑷ Nationalism ——民族主義、國家主義，與國民主義

英文的 nationalism 這個概念，在中文中可分別翻成民族主義、國家主義，和國民主義，但這三個中文概念，其實分別有其歷史發展階段上的不同意義，也因而具有不同的概念內涵，故不能隨便混淆。

首先，民族主義是始於一個民族的聚居，以求生存與謀發展，故基本上是以血緣、語言、文化、風俗、共同的生活記憶為基礎。這樣的民族主義，也許在種族學、人類學、文化學，及歷史上有其重要性，但似乎不會是政治學上一個重要的名詞。但是，在現代國家的形成過程中，民族主義經常變成一個被用於動員特定民族、族群參與國家形成過程中的一種號召，以致於它逐漸變成一個政治學中的概念。例如，Anglo 和 Saxon 兩族就曾以民族主義動員其族人，並聯合贏得最後其現代國家建立之後，兩個最具代表性的優勢民族。

其次，當國家建立之後，這些民族主義就變成國家主義，因為用國家主義、國家公權力來進行國家的統治與動員，遠比民族主義來得徹底又切實，但在語言、文化等領域，這些國家統治者仍以優勢民族的語言和文化作為主流，只是它們已從民族的語言、文化，升格成國家的語言和文化，故其主調仍是國家主義而非民族主義。最後，隨著民主

政治的發展，國家統治者是依普遍民主的程序而產生，而其作為與不作為，亦依國民的意志、偏好和利益為考量，而使由國家或政府為中心的國家主義，逐漸演變成以國民為中心的國民主義。

國家與社會
——國家機關與民間社會

　　根據科恩（Jean L. Cohen）和阿拉托（Andrew Arato）的說法，任何現代國家，可以依據國家公權力的有無，而將其內部分為國家機關及民間社會兩部分；而後者又可以細分為公民社會（civil society）、政治社會（political society），和經濟社會（economic society）三個小部分，參見表 2。

　　其中，公民社會可界定為「經濟社會和國家機關間之社會互動領域，而主要是由親密（intimate）團體（尤其是家庭）、社團（尤其是自動結社者）、社會運動，及各種形式的公共溝通所構成」；其間，還隱含或體現容許這些正式或非正式組織或團體的多元性與自主性的各種生活方式，也包括各類文化性與溝通性的組織與制度，亦隱含涉及個人自我發展或道德性選擇的私密領域，而且也包括能夠使公民社會有別於經濟體系和國家機關的各種法律體系與基本權利結構。

| 表 2 | 國際政經脈動下的國家機關與民間社會

國家機關		
1. 特色： 基於國家公權力，對民間社會汲取資源，並利用此資源維持整體疆域上所有人民的生存與發展 2. 主要結構成員： 　(1) 一組功能上分工的行政、立法、治安與軍事性組織 　(2) 中央與地方政府組織體系		
政治社會 1. 特色： 　以國家公權力的取 　得和防衛為中心， 　基本上涉及以選舉 　為方式的公民權 2. 主要結構成員： 　政黨 　政治團體 　政治公眾	**公民社會** 1. 特色： 　自治自理、自我動 　員、開放性溝通，與 　自主的整合 2. 主要結構成員： 　家庭 　社會團體 　社會運動 　各種公共溝通或論述	**經濟社會** 1. 特色： 　從事生產、流通、 　消費與分配者，意 　在追求有效的管理 2. 主要結構成員： 　公司 　合作社 　生產者 　消費者

＊資料來源：Cohen & Arato. 1992：ix.

　　相對而言，政治社會是「由政黨、政治性組織和政治性的公眾所組成；而經濟社會主要是包括從事生產與分配的組織，通常指公司、合作社等」。一般而言，政治社會與經濟社會都是根源於公民社會，而且在社會文化價值、組織與溝

通方式上擁有共同的特質；它們都是根據權利（right）的理念（特別是政治權利與財產權）而被建制化，而這些權利理念的內涵，又都與那些能夠確保現代公民社會的權利網絡關係相銜接。

然而，當公民社會最重要的特色，被認為是自治自理、自我動員、開放性溝通和自主的整合方式時，政治社會和經濟社會卻被認為是直接涉及國家公權力與經濟生產；在後兩種情況下，行為者所追求的，一個是國家公權力的控制，而另一個則是對生產的有效管理。相對的，公民社會的政治角色，並不直接涉及國家公權力的控制或取得，而是期待透過社團活動、社會運動或對公共領域議題的開放性討論以發揮影響。整體而言，政治社會基本上是介於公民社會與國家機關之間，而且扮演著其間不可或缺之協調性角色；同樣的，經濟社會亦存在於公民社會與市場經濟體系之間，而且扮演著重要的協調性功能（Cohen & Arato, 1992：ix, 346）。

從實存角度看，任何國家的國家機關與民間社會，都存在且運作於國際社會之中，因而與國際社會中的不同國家機關和民間社會發展出各種不同的互動關係，而且深受這些關係的影響或制約；其中，尤其是以來自國家為基本單位的競爭性國家體系（a system of competing states），和以市場機能而連結的世界性資本主義體系（a world capitalist system）的挑戰與壓力，更可能影響或制約該特定國家機關與民間社會的形構和相互關係。另外，全球社會與國內公民社會之間

的柔性連結關係，也可能發揮爆發性的影響關係，例如，綠色和平組織（Green Peace Organization）的影響，即屬如此。

　　根據史卡其波（Theda Skocpol）的說法，國家機關基本上是由一組功能上相互分工的行政、治安（policing）及軍事組織所構成，並由一個行政權威（an executive authority）所領導、協調。國家機關運作於民間社會之上，而且基於國家公權力的賦予，從民間社會汲取資源，並利用此資源去創造、支持它的行政性與強制性機關組織（Skocpol, 1979：29）；國家機關因而擁有特定的立場、特定的利害關係，即特定而與民間任何利益團體或社會組織不同的結構性地位。此外，國家機關會在不引起正當性危機（legitimacy crisis）或資本累積危機（accumulation crisis），或為化解此兩種危機，而對民間社會採取各種汲取性、保護性或生產性的措施，以確保其自身和整個國家的生存與發展（Block, 1977）。

　　從國際層次看，在國際社會體系的擴張過程中，從一接觸的開始，強國即利用其優勢的政治或經濟力，依其國家利益而塑造、改變弱國的政治、經濟、社會，甚至文化結構性關係。弱國國內的各種相關結構關係，因而崩潰、重組或被強化；其結果決定於強國與弱國國家機關及相關民間社會部門內各組織與團體力量的強弱，和其相互間的聯合與衝突過程。

　　對一個開發較晚的國家而言，無論它是屬於政治上的

弱國或是經濟上的弱國，如何形塑、重整或發展其國家機關與民間社會間的關係，以迎向外來的政經挑戰和政經壓力而確保其國家的生存與發展，一直會是一個關鍵性的課題；其間，當然無法避免的，國內外各種政經社文勢力間會出現各種聯合與衝突的關係。然而，就特定國家的國內層次而言，國家機關要能出現且存續的最起碼條件，是中央權威（the central authorities）所累積的政治資源，足以化掉（neutralize）社會中離心行為者（peripheral actors）的權力，而且能透過各種政經社文措施，而確保其政治正當性與資本的持續累積；這些政經社文措施中，經常隱含著國家機關分別對於民間社會中的政治社會、公民社會和經濟社會的不同支配與主導機制（蕭全政，2001）。

國民經濟

▼

◉ 國民經濟 vs. 市場經濟

「國民經濟（national economy）」這個概念，對於強調市場經濟或自由經濟的一些學者，算是一個較難理解的問題。記得 20 多年前，在臺灣完成多次的修憲而不斷調整憲法增修條文之後，當時的行政院經濟建設委員會鑑於過去的修憲都集中於政治方面，故對外提出一個研究招標案，希望檢討有關經濟方面是否也有待修的部分，尤其是涉及憲法第十一章的「國民經濟」一節。得到研究標案的是兩位非常知名的自由主義經濟學者；在最後完成研究報告的驗收會上，筆者曾應經濟建設委員會之邀而參與討論。

會中，二位主持人之一的某甲特別強調，「現在已是市場經濟非常發達的時代，我們根本不再需要國民經濟，所以建議憲法中的『國民經濟』一節整個刪除」。哇，真是天才！其實，市場經濟與國民經濟是兩個完全不同位階的概念；前者指涉的是一種經濟運作的方式，而後者指涉的是指整個國家的經濟所涵蓋的整體。經濟運作的方式，除了以市場為主的市場經濟之外，還有共產國家或社會主義國家以指令（command）為核心的中央計劃式經濟體制；當然，若是

後者，他們一定非常了解「國民經濟」這個概念，因為他們就是要謀國民經濟的發展。但是，就算你是採取市場經濟的方式在解決主要的經濟事務和問題，你還是有涉及整體的國民經濟問題，而且仍須謀求國民經濟的發展呀！例如，人們常提到的 GNP 與 GDP，就是國民經濟的概念。其中，GNP 是 gross national product 的縮寫，GDP 是 gross domestic product 的縮寫；前者是以全國國民為基礎而計算出來的國民生產毛額，而後者則是以全國疆域為基礎而計算出來的國內生產毛額。而且，不管是以國民為基礎或以疆域為基礎，就很多人而言，就是要不斷的提升 GNP 和 GDP 呀！

在以「國家」為基本單位連結而成的全球政經體系中，「國家」當然可以作為一個行為者。當國家作為一個行為者，它就與個人行為者一樣，必須面對生存與發展的問題；而這必須從國民經濟的角度，才能較完整、清楚的說明。

◉ 國民經濟的內涵

國民經濟的概念，事實上即是將整個國家，包括特定疆域上的所有人視為一個整體，而談其涉及資源的生產、消費與剩餘方面的問題。

每個國家，就像個人一樣，為了維持自身的生存，它必須不斷的消耗資源，而有社會消費；而為了支持這些社會消費與整體的成長或發展，它必須不斷的進行社會生產，以

創造夠多的社會剩餘。國家在解決其生存與發展問題上的邏輯，其實與個人行為者解決其生存與發展問題基本上沒有差異；但是，因為分析單位上的差異，即從個人的個體層次變成國家的總體層次，以致於其內涵和過程出現了一些不同。

社會生產＝社會消費＋社會剩餘＋（出口－進口）

首先，社會生產＝社會消費＋社會剩餘，這個等式是成立的，但是，這顯然是一個封閉體系的狀況。假如它是一個開放體系，也就是有進、出口，那麼進、出口就須加上去，但我們還是以封閉體系簡化說明。

其次，這個社會生產，可以包括文明時代的各種生產，也可以包括比較不文明時代的對外殖民地掠奪、船堅礮利時期的爭取割地賠款，但還是以文明時代的各種生產為主。另外，社會消費，包括政府與民間的各種消費性與投資性的支出；社會生產扣除社會消費，即是社會剩餘。

影響社會生產、社會消費及社會剩餘的因素各不相同，而且甚至是相當複雜。總體而言，能夠創造大於 0 的社會剩餘，甚至遠大於 0 的社會剩餘，當然是最好，尤其對長期而言，如果能不斷創造越來越大的社會剩餘，當然表示這個國家不但能解決生存問題，而且其發展也是越來越好。相對而言，影響社會生產的因素不但是最多，而且是最複雜，比如，國民經濟中的公營、民營，或以一級產業、二級產業或

三級產業為主，或是各種關稅、財稅、貨幣政策，甚至影響生產力的教育政策、產業政策等等，都是非常關鍵的因素；而影響社會消費的因素，主要包括影響投資的利率、匯率政策與投資法規，也可能包括影響勞動力供給的人口政策、移民政策等，及影響消費的鼓勵投資與儲蓄、改善民俗及鼓勵健康飲食等等。

對於國家而言，它並非像個人行為者一樣，只要社會剩餘等於 0，就表示它已經充分解決了生存問題，因為社會剩餘是一個總體性的概念，而人民之間的所得分配經常是不均，故在社會剩餘等於 0 時，根本不能保證每個個別行為者都已能解決其生存問題。「朱門酒肉臭，路有凍死骨」，甚至也可能出現於其社會剩餘遠大於 0 的時候啊！但是，不能否認的，當一個國民經濟要繼續發展，其社會剩餘必然要相當程度大於 0，而且要不斷地繼續增長。

重商主義與新重商主義

▼

　　為了謀求國家的生存與發展，歐美各國自 17 世紀以來，不斷推出各種內涵不同的重商主義；其最重要特色，莫非表現在政府與企業之間的緊密連結；其中，有的是在其現代國家形成過程中，希望有助於其現代國家的形成，有的則是其現代國家早已形成，而希望有助於其國家的發展。當然，隨著現代主義往後現代主義的翻轉，各種重商主義，又紛紛轉變成新重商主義。

◉ 各國的重商主義

　　(1) 英國重商主義（mercantilism），始於 17 世紀初，都鐸（Tudor）王朝伊莉莎白女王的時代。其特色是表現在國王和商人間存在著國家主義式的聯合，國王提供新興商業階級對外的貿易壟斷，而且在國內幫助他們掃除封建體系的基爾特組織（the guild system）阻礙資本主義擴張的各種障礙；相對的，新興商業階級則提供大量稅收，幫助國王可以建立軍隊，而完成國家的統一，並進行對外的殖民地爭奪。所以，學界又稱為是一種典型的權力和利益的結合，即國王因而獲得更多的政治權力，而企業界也因而獲得更多的經濟

利益，但更重要的是，英國的現代國家因而順利地成立，而且不斷的發展。尤其清教徒革命後的產業發展性重商主義，以船堅炮利為後盾，行賺取最多英鎊主義（bullionism）、保護主義與海運法，以掠奪殖民地和市場；有利資本累積、國內產業發展和增加就業。

⑵ **法國的重商主義（Colbertism）**，以 17 世紀中葉國王路易十四的財長科爾伯特（Jean-Baptiste Colbert, 1619-1683）為名；其特色在於強調國王和獨占性企業之間連結的同時，特別重視以各種財政手段收奪獨占性企業的利潤，而成就國王的軍事武力擴張和海外殖民。這種財政與獨佔性重商主義，非常不同於英國的產業發展性重商主義，以致於出現非常不同的政經後果（張漢裕，1957），例如，英國出現代表中產階級的民主政治發展及市場經濟的擴張，而相對地，法國國王路易十四的國庫，卻從早期的非常豐盈，到晚期則出現高額的負債。

⑶ **美國的重商主義是以 1776 年獨立革命之後的財長哈彌爾頓（Alexander Hamilton, 1755-1804）為代表**，而且表現在他所提出的《製造業報告書》（*Report on Manufactures*）（Hamilton, 1991）中。他的基本論調是，美國無法和歐洲國家進行平等交易，而須由政府鼓勵製造業的發展；製造業有助於分工、利用機器生產，而促成職業和商品多樣化。國家補貼不只涉及財富分配問題，還跟國家獨立和國家安全有關，這又涉及製造業，例如鋼鐵、造船、汽車、鐵路等；國

家應該給予補貼、改善交通，甚至以獎金或專利吸引他國的
發明，且須禁止或管制機器的出口（Hamilton, 1991）。

另外，其實被認為屬需求學派（demand-side）的凱因
斯（John M. Keynes），根據他在 1930 年代左右所提出的理
論，也應該算是重要的重商主義者。凱因斯的最重要理念，
就是強調透過對社會需求（social demand）的管理，而達到
充分就業（full employment）；若社會需求不足，或沒達到
充分就業時，可以利用財政政策，或包括匯率與利率的貨幣
政策，或增加包括基礎建設的公共投資，與甚至沒有生產性
的社會福利支出等，以增加社會需求，而達成充分就業。為
達成充分就業，凱因斯似乎是不惜以鄰為壑，因為他只關心
自己國民經濟的發展！

**⑷ 德國的重商主義是以 19 世紀中葉的李斯特（Friedrich
List, 1789-1846）為代表**，他主張「國民主義的政治經濟
學」（張漢裕，1977：97）。他認為，每個國家都可能處於
不同的經濟發展階段，處於較低發展階段的國家，必須以關
稅等能「保護幼稚民族工業」的政策，才能抵擋外來的產業
入侵並扶助自己的產業發展。

◉ 新重商主義（neo-mercantilism）

在 1970 年代的兩次石油危機之後，逐漸發展的新保護
主義，又進而促成了自動設限、雙邊主義貿易談判、匯率諮

商，及各種以品管、環保為名的非關稅性障礙，更讓重商主義的政策措施變得更複雜，以致於有更全面性的新重商主義之說。

瓊斯（R.J. Barry Jones）即指出，「新重商主義政策包括關稅、非關稅性障礙、配額、雙邊主義、鼓勵出口、管制貿易、經援、軍援、國際文教合作及國際性軍產複合（military-industrial complex）活動等對外政策，也包括國內各種經濟、財政、貨幣、外匯政策，或與經濟發展政策相關的規劃、公共投資、所得政策、能源政策、科文教政策及中小企業支持政策等」（Jones, 1986：150-223； 蕭全政，1989：33-34）。這些政策顯然品類繁多，而且還只限於例舉，更非窮盡；其中，雖然主要是在促進社會生產的提升，但也可能是直接在增加或減少社會消費，甚至是在直接減少社會剩餘，但無論如何，它們都是從國民經濟的角度出發，以國民經濟的整體和主體為基礎，而謀求國家更好的生存與更佳的發展。

第8章

全球化潮流的
發展與轉折

Introduction
導論

隨著冷戰的終結和資訊通訊科技的發展，全球化潮流，自 1995 年網際網路出現之後，就變成一股無法抵擋的洪流；這股洪流改變全球的政治、經濟、社會與文化生態，甚至影響人類歷史的整體發展與階段性的定位。

全球化潮流所隱含複雜而快速的變遷，其實隱藏著實存的複雜因果脈絡流轉；雖然人們可能習而不察，但卻將為各個國家、各種組織、各個團體及所有的個人，帶來全面性的影響與衝擊。這些影響與衝擊，對於公部門或對文官體系成員而言，將具有更重要意義，因為這些變遷將循著疆域、主權、人民及政府等國家四要素，分別造成深刻的影響，例如，首先，將穿透疆域，而可能導致國家整體性與主體性的碎裂；其次，將侵蝕國家主權，而可能導致國家公權力的衰退、公能力的式微，與公信力的降低；再其次，將為人民帶來新的問題與新的機會，而使整個社會的中產階級沒落，並呈現兩極化的 M 型化發展；最後，相當嚴重的，也將使政府的角色與職能、政府的組織體系與分工，甚至整個文官體制，都必須進行全面性的重整。

本章第二節將首先從概念及實存層面，討論全球化潮流

的樣態與特色；其次，第三節將分析全球化潮流的發展與顛峰；另外，第四節則要探討邁入 21 世紀之後，全球化潮流的轉折與變化。

全球化潮流的概念與
實存的混沌式流轉

▼

　　從概念上看，全球化意味著全球一體化，特別是展現在網際網路和金融的全球一體化；但這樣的說法，顯然太過抽象，以致於無法了解其實際的內容，及其對於特定國家、組織、團體和個人所產生的影響與衝擊。

　　從實存的角度上看，全球化潮流隱含人流、物流、資金流、技術流、資訊流、文化流，及服務流等的複雜變遷與快速流轉。這些潮流，每一個都非常的複雜，比如說，以人流而言，它包括為了就學、就業、投資、商務、觀光、旅遊、技術交流、服務交流，甚至軍事進出及難民出走等等的人員往來，都相當的大量與複雜。

　　這些複雜潮流的相互之間，不對稱、不等速、不穩定、不同向，而且大小、強弱各不相同，並因而展現一種糾纏、複雜、混沌式（chaotic）的變動關係。當然，這種混沌式變動關係，顯然只表示是非常複雜，而不是混亂，因為其間仍存在著有跡可循的複雜因果關係，故在混沌式流轉之中，仍隱含著不斷起伏、伸縮、糾纏、延展的複雜秩序。

　　尤其這些潮流之中，不像過去主要是以國家為重要的

行為者，其他多國企業、國際組織、社會團體，甚至個人，也可能是重要，或更重要的行為者；同樣的，這些潮流的流動，也不像過去主要是以特定個別國家為範圍，而是一種跨境、跨域，甚至真的是一種以全球一體化的區域為範圍的流動。過去很多人常說，「臺灣人缺乏國際觀」；這樣的說法，其實已經不合時宜了。表現國跟國之間關係的「國際觀」，已不能涵蓋全球化時代的各種政、經、社、文事務，這對一個邦交國稀少的臺灣人而言，全球化潮流的發展反而具有特殊的正面意義。

全球化潮流的發展與顛峰

▼

　　全球化潮流的發展，成就於人類歷史中系列趨向於全球一體化的複雜過程，例如，包括 1490 年代新航路的發現、17 到 18 世紀民族國家的興起、18 到 19 世紀工業革命與跨國貿易的興盛等等。二次大戰之後，以國際貨幣基金會（International Monetary Fund）、世界銀行（World Bank）和關稅貿易總協定（General Agreement on Tariffs and Trade）等金融、經貿體制的形成，更直接促成全球化的全面性發展。

　　1970 年代前，歐美先進工業化國家，在「福特主義」（Fordism）「一貫作業、大量生產、大量消費」的原則下，其實於 1960 年代即已達成人類史上最為光輝的高度經濟成長期，以致於形成「以特殊『三大』為核心的社會經濟體制——大資本（big capital）、大勞工（big labor），和大政府（big government）：企業基於大規模、標準化的生產體系，而不斷積累資本與創造利潤；勞工藉大型工會組織的力量，而得到較高工資與工作條件；而政府則強力介入經濟與社會以取得政治正當性」（李碧涵，2001：31）。

　　但是，1971 年 12 月，國際金融體系中美元本位的崩解（即原來 36 美元可以換取 1 盎司黃金的固定匯率制，被

尼克森總統宣布中止），和 1973 年 6 月至年底的石油危機
（1973 年 6 月，石油一桶 1.95 美元；12 月，一桶 11.95 美
元），讓福特主義的社會經濟體制面臨經濟衰退與物價上漲
的停滯性通貨膨脹（stagflation）、國家財政危機，和高失
業率等困境，也促成資本、勞工和政府之間關係的重大改
變。1978 年底到 1979 年初，又爆發第二次的石油危機；此
時石油價格的漲幅雖然沒有第一次時的迅猛，但至少也有 2
倍左右的幅度。

　　石油危機對於美國經濟的衝擊非常大，甚至導致大量資
本的外移，而改變全球的經濟生態。石油價格迅速飛漲的影
響，主要循著生活和生產兩條路徑蔓延，即生活上大量使用
石油當動力的汽車族和當取暖燃料的家庭都首當其衝，而產
業上的石油化學產業也深受其害，尤其在環保標準不斷提升
下，從事煉油以提煉化學原料的產業，也一樣首當其衝，而
須進行產業調整。美國在兩種路徑上，都是利用石油最多的
國家，尤其透過產業鏈之間的連結關係，石油價格的飛漲迅
速擴及各個領域的物價飛漲。就是在這種脈絡下，臺灣才會
在 1973 年石油飛漲的情況下，在推出十大建設計畫之時，
更是大規模的積極發展石油化學產業。

　　隨著美元本位的崩解及石油危機的爆發，自 1970 年代
中期後，以跨國公司為主體的全球性擴張，及工業與金融部
門的國際化，直接促成以「三大」為核心的傳統資本主義解
組。其具體表現在工業放棄大規模生產和機械化管理，而進

行全球性的分工佈局；而財務金融也在美元本位崩解後，加速國際化而促成資金的國際流動，尤其企業紛紛要求政府解除資金管制，更加速此趨勢；另外，由於工會大受衝擊，加上其他各類社會團體也應運而生，因此，在政治上，美國呈現的是多元社會團體崛起及地方主義盛行的景象（李碧涵，2001：31-32）。

　　尤其自 1979 年後，英國的柴契爾（Thatcherism, 1979）政府和美國的雷根（Reaganomics, 1980）政府，先後推動解除管制、私有化、減稅等新自由主義（neo-liberalism）式「小政府、大市場」政策，而更加速全球化的進一步發展，及「三大」體制的瓦解。新自由主義政策，基本上是鼓勵企業和金融資本更超越國境，並以全球為範圍而佈局、運作；因此，企業加速對外擴張，而且加速進行改革。相對於大規模生產及機械化管理的「僵化」（rigidity），企業的改革重視「彈性化」（flexibility），而從技術創新、組織形式及生產方式等方面強化「彈性化」的變革；其中，包括勞動過程、勞動力運用、生產過程，以及消費模式之彈性化。例如，在生產組織方面，彈性化生產強調及時生產與外包制，而且透過全球的地理分散及生產過程的分散，而整合資本主義的積累體系；在勞動市場方面，企業減少核心員工的僱用，而增加僱用從事彈性工時或暫時性工作的員工；而在消費模式上，加強資訊化、強調市場多元化，而且講求個人品味與自然主義等（李碧涵，2001：31-32）。

　　另方面，1989 年，為解決拉丁美洲國家的財務危機和東歐國家從社會主義轉成資本主義的問題，美國與國際貨幣基金會、世界銀行、美洲開發銀行等，達成包括減稅、利率自由化、匯率自由化、貿易自由化、放鬆對外資的限制、國企私有化，及放鬆政府管制等要求相關國家進行改革的十項共識，是為「華盛頓共識（Washington Consensus）」。這些共識，透過金融貸款與融資的槓桿，更使新自由主義的全球化潮流，廣泛的流遍更多的開發中國家和剛改制的舊社會主義國家，更使富含西方自由民主的價值觀和自由市場資本主義，在冷戰終結前，贏得全球的樂觀肯定和讚揚。

　　1991 年 12 月，代表社會主義的蘇聯解體，一個蘇聯（Union of Soviet Socialist Republics, USSR），除波羅的海的拉脫維亞（Latvia）、愛沙尼亞（Estonia）和立陶宛（Lithuania）3 國之外，由俄羅斯聯邦（The Russian Federation）與另外 11 個過去的加盟共和國合組而成獨立國協（Commonwealth of Independent States, CIS）；因此，強調東西對抗的冷戰體制正式終結，而兩個超級強國主導並對抗的局面，轉變成「一超多強」的世界。

　　1992 年，福山（Francis Fukuyama）出版《歷史的終結及最後之人》（*The End of History and the Last Man*）（Fukuyama, 1992）一書；他認為歷史上的意識形態之爭已經結束，而最後只剩下理性、自利的個人，及他們所相信的自由民主和自由市場資本主義。這也表示新自由主義式全球化潮流達於顛

峰，而且贏得最後的勝利。1995 年後，網際網路的發展更
加速新自由主義式全球化潮流的全球性擴張，而強化人流、
物流、資金流、技術流、服務流、資訊流，及文化流等的全
球一體化現象。

　　1992 年，冷戰終結之後，鄧小平二次南巡，提出積極
的改革開放政策；繼而推出包括沿海、沿邊、沿江，及沿線
的「四沿」開放政策等。託新自由主義之福，中國在 1990
年代，甚至 2010 年之前，都以平均每年 10% 以上的 GDP
成長率在發展；2003 年之後，成為「世界工廠」，不但撐持
而且強化東亞各國之間的分工關係，更促進一個「全球性三
角貿易網絡」（a global triangular trading network）的形成。
概略地說，日本、臺灣、韓國及東協國家的多國公司，都分
別生產較精緻的技術密集零組件，而且運送到中國和東協國
家裝配，然後將成品運銷全球，包括美國、歐洲，及亞洲各
國。這樣的貿易網絡影響各國之間的貿易和外人直接投資模
式，而且導致上列各國之間特別的貿易與外人直接投資模式
的發展。

　　例如，在 2005 年，中國的進口中有 42% 是為了加工；
其中，十分之七來自東亞國家，而來自美國和歐盟的，都沒
超過十分之一。相對的，在同一年中，中國的出口，有 55%
是加工出口；在這些加工出口中，有四分之一是去美國，四
分之一是到香港以外的東亞，五分之一到香港，五分之一出
口到歐盟。這樣的結構，反映出一種典型的「全球性三角貿

易」；其中，不但促成東亞及歐美各國對中國的投資模式，也使所有對中國出口零組件的東亞國家，都對中國保持高額的貿易順差，而且對中國進口加工成品的美國和歐盟各國，卻也對中國出現長期高額的貿易逆差。

以零組件的進口和加工成品的出口為中心，中國過去近 20 年之內，吸收大量外資、大幅擴展其進出口，並有力的支撐一種全新的東亞經濟動態（相對於過去的雁飛型〔the flying-geese model〕發展）和全新的分工關係。這種全球性新分工模式的核心，簡言之，就是生產流程的碎裂化（fragmentation）；即，典型的，從一項產品的研發、設計、原料供應、製造、分銷，到售後服務等，可以分化成各種垂直或水平性的產業間或產業內的分工關係，而且可能是跨地域或超越國境的網絡。這種新的分工關係，促使美歐各國對中國的投資偏向服務業或上游製造業，而東亞各國則偏向中、下游製造業，甚至增加在東協國家的投資，然後出口到中國。另方面，在此分工關係下，各廠商或生產集團的生產要素稟賦變得非常關鍵，也因而促成周邊國家間產業內貿易的大量擴張。總之，這樣的生產和分銷關係，直接影響各國的分工關係及外人直接投資型態，而且相當程度決定了各國之間的貿易關係與特質。然而，唉，中國卻從「世界工廠」，逐漸變成「製造大國」，而且希望在 2025 年變成「製造強國」，直接挑戰美歐各國。有些諷刺的是，美國和歐盟國家所主導的新自由主義全球化，卻反而造成中國的快速崛起！

全球化潮流的轉折與變化

▼

　　在 20 世紀結束之前，新自由主義的全球化基本上仍是樂觀的；但是，2007 年美國的房利美（Fannie Mae）與房地美（Freddie Mac）信貸危機、2008 年的金融海嘯，及 2010 年的歐債危機，卻讓樂觀的全球化潮流徹底翻轉。衍生性金融商品的氾濫，被認為是金融海嘯的罪魁；美國當然是海嘯的重災區，但此海嘯卻帶來全球性不同種程度的波及；2010 年，歐盟的債務危機爆發，被謔稱為「歐豬五國」（PIIGS）的葡萄牙（Portugal）、愛爾蘭（Ireland）、義大利（Italy）、希臘（Greece），及西班牙（Spain），經濟崩潰、社會動盪、政治不安，全球化潮流哪有甚麼好樂觀？尤其 2011 年 9 月 17 日，美國發生大量群眾「佔領華爾街」（Occupy Wall Street）運動，反對大企業的貪婪與社會不平等、反對大公司對美國政治及民主的扭曲等等；這個運動很快擴及全美各大城市，甚至，從北美蔓延到南美、歐洲、亞洲、非洲，及大洋洲各地，而展現一種全球性的反對新自由主義現象。

　　2017 年，金恩（Stephen D. King）出版《大退潮：全球化的終結與歷史的回歸》（*Grave New World：The End of Globalization, the Return of History*）（金恩，2018）一書；該書的論述，與福山恰恰是相反。金恩認為，歷史沒有終

結，而是回歸；相對的，真正終結的，反而是新自由主義式全球化潮流。

金恩認為，21 世紀初的金融海嘯和歐債危機，直接見證自由市場資本主義根本無法造成普遍多贏的局面；其間，自由市場的價格機制，不但無法展現其自動調節機能，反而更像是一個叢林法則發揮作用的地方，而充分展現弱肉強食、優勝劣敗、適者生存的天擇現象。在此同時，各個國家內部的眾多弱勢者，即循著自由民主體制的制度，尋求政府的保護，並因而促成民粹主義的流行和孤立主義的繁衍（金恩，2018）。

2016 年 6 月，英國公投「脫離歐盟」（Brexit）成功，決定要脫離歐盟，反對歐盟對於英國難民政策及其他領域的限制；同年 11 月，鼓吹「美國優先」（America First）而反對各種自由貿易協定（Free Trade Agreement, FTA）的川普當選總統，正是這種民粹主義和孤立主義的典型。他們更因而觸動法、德、義、荷、西等國，民粹主義和孤立主義運動的擴散。這些民粹主義和孤立主義，基本上，其實是反映個別國家的國家主義或民族主義對全球主義的對抗，而展現的是一種反全球化的現象。

英國正式脫離歐盟的日期，原定是 2019 年 3 月 29 日，但是在「脫離歐盟」和「反對脫離歐盟」的強烈衝突、糾纏下，英國和歐盟的「脫離歐盟協議」已三度在國會被否決。首相梅伊（Teresa May）努力與歐盟協商，又將脫離歐盟的日期延後至 10 月 31 日；然而，在各種壓力下，首相梅伊終

於在 6 月 7 日下台。7 月 24 日，強生（Boris Johnson）繼任新首相，他向來積極主張「脫離歐盟」，而且上台後更強烈宣布，一定要在 10 月 31 日之前，完成脫離歐盟程序。看來英國的脫離歐盟，愈來愈有以沒有協議而直接脫離歐盟為收場的傾向，尤其強生又在解散國會並重新改選中大獲勝利，更有如此可能。但是，2020 年 1 月 31 日晚上 11 點，英國在還沒跟歐盟談妥相關條件之前，仍儀式性的正式宣布脫離歐盟，而待未來 11 個月內解決相關問題。因此，在 2020 年結束之前，英國是否真的脫離歐盟，及如何脫離，似乎仍待進一步的觀察。

相對的，川普上臺後，即以「美國優先」為名，退出各種多邊主義，例如，退出「跨太平洋夥伴協定」（the Trans-Pacific Partnership Agreement, TPP），也退出涉及全球氣候公約的巴黎協定（Paris Agreement）。另方面，2015 年 3 月 28 日，中國正式發表了具體完整的「一帶一路倡議」（the Belt and Road Initiative, BRI），要結合沿路包括歐、亞、非三洲的 65 個國家，共同為基礎建設和經濟的發展而努力。2017 年 10 月，川普也開始推動其「印太戰略」（Indo-Pacific Strategy, IPS），而形成美中之間一種新的海陸爭霸格局；因此，自 2018 年 3 月以來，川普引爆以提高關稅為名，卻實質上涉及霸權爭奪的中美貿易戰，繼而擴及科技之戰，及軍事戰略上的對峙與對立。全球化潮流的確已出現明顯的轉折；這是臺灣必須要先清楚把握的。

第 9 章

Political Economy
of Taiwan

全球化下臺灣的
政府組織改造

Introduction
導論

　　隨著 1990 年代初冷戰的終結和 1995 年後網際網路的擴散，全球化潮流變成一股無法抵擋的洪流，導致全球政治、經濟、社會與文化生態的大幅變遷。這些複雜而快速的變遷，雖然人們可能習而不察，但卻為各個國家的政府部門帶來全面性的影響與衝擊，特別是嚴重挑戰政府的角色、職能，與組織分工體系。

　　為了因應這些挑戰，事實上在 1970 年代的兩次石油危機之後，尤其是英國首相柴契爾夫人（Margaret Hilda Thatcher），就已經開始推動「小政府，大市場」的政府組織改造；然而，這種政府組織改造，特別是在 1992 年的冷戰終結之後，演變成一種以形塑「小而能政府」為目標的全球性政府改造運動。就此而言，臺灣當然也沒例外，而積極的參與政府組織改造。

　　然而，臺灣的政府組織改造個案，卻跟絕大部分的國家不同。因為中央政府在 1949 年撤退至臺灣之前，即曾因國共內戰的擴大而將承平時期的《行政院組織法》，修改成戰時體制下的《行政院組織法》；隨著 1987 年的解除戒嚴和 1991 年的終止戡亂，臺灣其實已經逐漸將該《行政院組

織法》進行承平體制化的改革，只是還沒有完全成功。1996
年的總統直選之後，臺灣的威權轉型邁入民主鞏固，而有該
年年底國家發展會議的召開，並因而跟上全球性的新政府運
動，全面性的修訂該《行政院組織法》。

　　本章的主旨，在於從全球化的潮流中分析臺灣的政府組
織改造。因此，第二節將從全球的角度，分析全球化潮流所
帶來全球性的政府改造運動。回到臺灣的場域，本文第三節
將分析行政院組織法的戰時體制化發展，及解嚴後的承平體
制化改革；第四節將分析臺灣真正為了因應全球化潮流而進
行的政府組織改造，其中，將先討論行政院組織改造原則的
形成，繼而討論此行政院的組織改造，從而帶出地方政府的
組織調整。最後，本文第五節將做一個綜合的檢討與反省。

全球性政府改造運動中的
「小而能政府」

▼

　　任何政府的角色、職能，及組織與分工，都必須因應其在不同時空下的關鍵政經變遷，而進行必要的調整；盛行於各國的新政府改造運動，事實上也在因應 1990 年代初以來國際政經變遷的發展。

　　隨著冷戰的終結和後冷戰時代的政經變遷，1990 年代初以來的國際政經局勢，逐漸出現劇烈的翻轉；過去因意識形態差異而展現的東西對抗，及以經濟發展程度不同而促成的南北對峙，亦逐漸轉化成以歐洲聯盟（the European Union, EU）、北美自由貿易區（the North American Free Trade Area, NAFTA），及亞太經濟合作會議（Asia-Pacific Economic Cooperation Conference, APEC）三大經濟區域為基礎的經濟合作與安全諮商。在此其中，國際政經情勢從對峙與對抗，變成是合作與諮商，各國政府的角色與職能，顯然必須進行大幅度的調整。

　　另方面，在經濟上，冷戰時代的國際競爭，基本上是限於東西陣營的各陣營之內或南北集團的各集團之中，但是後冷戰時代的國際競爭，卻是全面性的，不但跨越以往的各

陣營、各集團，而且普遍存在於三大經濟區域之內，也存在於各經濟區域之間。此外，世界性第三波民主的發展，更使三大經濟區域內和經濟區域之間的合作與競爭益形激烈、複雜化。因此，面對更形複雜而且激烈的國際競爭，無論是已開發或開發中國家，都必須不斷提升其國家競爭力；而要有效提升國家競爭力，每個國家都必須先有效調整其政府的角色、職能，及組織與分工，並因而促成全球性的新政府改造運動（詹中原，1999；朱鎮明與朱錦鵬，2006）。

　　回顧歷史的發展，各國推動行政革新或政府改造，事實上始於兩次石油危機之後的 1980 年代，尤其是始於 1979 年柴契爾夫人上臺後強調解除管制、私有化和減稅等的新自由主義政策，繼而影響澳洲、紐西蘭的工黨執政；1988 年，英國柴契爾夫人提出「續階計畫」（Next Step Program），及紐西蘭的《政府組織法》（*the State Sector Act*），都被視為是政府改造的重要里程碑（江岷欽和劉坤億，1999：14），但是這些改革幅度仍算是比較局部，而且較偏向於新自由主義式「小政府，大市場」的特質，因為他們所面對的政經變遷似乎還不是那麼全面性。但是，冷戰終結後，1992 年，歐斯本（David Osborne）和蓋伯勒（Ted Gaebler）出版《新政府運動》（*Reinventing Government*）一書（Osborne & Gaebler, 1992；歐斯本和蓋伯勒，1993），以「企業性政府」（entrepreneurial government）的概念，引導新政府的改革方向，而讓新政府運動邁入一個較為成熟的階段。

　　在該書中，歐斯本和蓋伯勒強調其所以使用「企業性政府」一詞來描述美國各地正萌芽發展的新政府模式，在於彰顯這些公家機構，都能發揮如法國經濟學家賽伊（Jean B. Say, 1767-1832）所強調的「企業家精神」（entrepreneurship）一般，時時採取新方法來運用資源，以提升其效能和效率（歐斯本和蓋伯勒，1993：xviii）。兩人又將這些新方法與成果而非投入、發揮顧客導向、注意開源勝於節流、能未雨綢繆注重事先防範、授權地方政府與當地機構，以及運用市場機能鼓勵民間扮演過去政府的部分角色（歐斯本和蓋伯勒，1993）。

　　歐斯本和蓋伯勒的想法，在 1993 年美國副總統高爾（Albert Gore, Jr.）所主持「全國績效評鑑委員會」（the National Performance Review）的聯邦政府改革計畫中完全被接受（江岷欽和劉坤億，1999），也分別影響大英國協系統的澳洲、紐西蘭，及加拿大的政府改造運動；另方面，隨著後冷戰時代三個經濟區域的形成與因而觸動的激烈國際競爭，歐斯本和蓋伯勒所提倡的「企業性政府」，更引起各國普遍的效法，尤其他們兩人又強調新政府運動的目的，就是要將政府形塑成一種「更好的治理形態」（governance）和把「官僚體系改變為富於創業精神的機構」（歐斯本與蓋伯勒，1993：32-33），更對後續各國的政府改造發揮了引領效果。1996-1999 年，日本將其內閣的 1 府 22 省廳，簡化為 1 府 12 省廳的組織性大變革，更彰顯為全球性新政府運

動中代表「小而能政府」的新典範（齊濤，1997；李武育等，2013）。

行政院組織法的戰時體制化發展及其承平體制化改造

▼

◉ 行政院組織法的戰時體制化發展

　　《行政院組織法》，制定公布於 1947 年 3 月 31 日；其組織包括 14 部和 3 個委員會；次年 5 月 25 日正式施行前，《行政院組織法》曾經三度修正，成為「15 部 3 會 1 局」的結構。然而，隨著國共內戰的失利，1949 年 3 月 21 日，《行政院組織法》大幅壓縮其部會結構，而為「8 部 2 會 1 處」；這個調整具體表現出戰時體制的組織精簡。這個「8 部 2 會 1 處」的結構，包括內政、外交、國防、財政、教育、司法行政、經濟、交通等 8 部，及蒙藏、僑務 2 委員會，和主計處。1949 年 12 月中央政府遷臺以來，由於長期的戒嚴與動員戡亂，行政院涉及組織法層次的組織架構調整，至 1987 年解除戒嚴前的近 40 年當中，則僅有兩次：首先是在 1952 年 11 月，將 1950 年 4 月 19 日行政院第 126 次會議決議增設的「政府發言人辦公室」，改制為「新聞局」；其次是在 1980 年 6 月，配合司法體制「檢審分立」的改革，將「司法行政部」改制為「法務部」。在此其間，行政院為有效處理

各項新生事務，事實上曾陸續根據其組織法第 6 條及相關各種特別法（如《公平交易法》），設置多個部會層級的組織，只是行政院不須修訂其組織法，故表面上仍維持其「8 部 2 會」的基本格局（蕭全政，2009；2011）。

從概念上看，作為國家統治機關一部分的行政院，必須上承整體國家機關的統治權威，下接國家機關各體系各層次的統治功能，而且扣連整個國家的政治體制、國民經濟及公民社會，而使國家機關能遂行有效統治，以促進政治、經濟、社會和文化的發展，並維繫國家機關與民間社會之間的動態平衡。很明顯地，行政院的部會結構與職能分工，必然將受政府角色與功能的制約，而且亦受民間社會之政治、經濟與社會、文化等特質的影響（蕭全政，1995：110）。

從實存上看，行政院的組織結構與職能分工，顯然是鑲嵌於實存的政治經濟結構與脈絡之中，而且必須動態反映其在國內外政經變遷與脈動中的角色與功能。其實，自 1987 年 7 月 15 日解除戒嚴之後，政府即有全面研修行政院組織架構之議；該年 7 月 30 日，在行政院第 2042 次會議，俞國華院長即指示修正《行政院組織法》，並於 8 月 5 日成立「行政院組織法研究修正專案小組」。在解嚴之後，行政院的組織改造，基本上具有兩個主要的目的，首先，是要將行政院的戰時體制改為承平體制；其次，是要將解嚴之後反映在各種社會運動中的社會需求，體現為威權轉型過程中的民主化發展，而這也正是行政院組織承平體制化的核心。

◉ 行政院組織法的承平體制化改革

從實存歷史脈絡看，解除戒嚴之後，行政院院長俞國華
面對民主化蓬勃發展之情勢，立即在解嚴之後的三週之內，
成立「行政院組織法研究修正專案小組」。1988 年 10 月，
俞院長提出《行政院組織法修正草案》；行政院院會通過 12
部 7 會 3 總署 1 總處 1 行 1 院的組織架構（林智勝，2014：
63-64），函送立法院審議。

解除戒嚴之後，行政院其實一方面進行《行政院組織
法》的全面性研修，另方面也根據施政現實上的需要，依
《行政院組織法》第 6 條或其他專門法規，而成立各種委員
會。1987 年 7 月，行政院依《行政院組織法》第 6 條成立「行
政院勞工委員會」；1988 年 8 月，「行政院衛生署環境保護
局」升格為「行政院環境保護署」。1991 年 2 月，行政院
依《臺灣地區與大陸地區人民關係條例》第 4 條，設立「行
政院大陸委員會」；4 月 30 日，總統李登輝宣告動員戡亂時
期將於隔天 5 月 1 日零時終止。1991 年 5 月 1 日，總統公
布全文 10 條之《中華民國憲法增修條文》，促成國大代表、
立法委員，及監察委員的全面改選；其次，該增修條文第 9
條，亦明定「行政院得設人事行政局」，行政院人事行政局
也在 1993 年 12 月 30 日完成組織法制化，成為行政院的常
設機關。

1992 年 1 月，政府依《公平交易法》第 25 條及 29 條

規定，設立「行政院公平交易委員會」；1994 年 4 月，依《消費者保護法》第 40 條，設立「行政院消費者保護委員會」；1995 年 7 月，設「行政院公共工程委員會」，及 1996 年 12 月，設「行政院原住民族委員會」。這些改革，很明顯的，基本上都是在因應解除戒嚴之後各種社會運動的要求而進行。

全球化潮流下中央與地方政府的組織改造

▼

◉ 再論「小而能政府」的改造原則

　　鑑於國內有關行政革新和政府再造的急迫性與強烈關注，自 1993 年《新政府運動》一書的中譯本出版以來，輿論界和學術界亦曾掀起對於「企業性政府」的關心和討論（黃俊英，1996；柯三吉，1996；陳庚金，1996；蘇金錢山，1997；丘昌泰，1997；江岷欽，1996；1997a；1997b；1998；呂育誠，1997；江岷欽與劉坤億，1996；1999；蕭全政，1999；魏啟林，1998；詹中原，1998）。然而，整體而言，國內學界對於企業家精神可能賦予行政革新或政府改造在總體、宏觀層次的意義之反省，尤其是落實在國內當前行政革新或政府再造之宏觀意義者，基本上似乎仍偏向於新自由主義式「小政府，大市場」的傳統；這可能是深受歐斯本和蓋伯勒原書中所謂「企業性政府」理念影響。

　　歐斯本和蓋伯勒在書中所強調的「企業家精神」（entrepreneurship），是指像經濟學家賽伊（Jean-Baptiste Say, 1767-1832）所說的，「時時採取新方法來運用資源，

以提升其效能和效率（歐斯本和蓋伯勒，1993：xviii）」，
尤其他們在形塑一種「更好的治理型態」，並將「官僚體系
改變為富於創業精神的機構」之「企業性政府」中，若以美
國高爾副總統的改革而言，參與其中的重要改革者，除高階
文官之外還有知名企業的高階 CEO，但卻沒有學者，故也
在學界中引起廣泛的批評、譏諷和討論（江岷欽和劉坤億，
1999；蕭全政，1998：364-365）。但是，嚴格而言，這種
強調透過資源移轉和重分配而提升效能和效率的精神，其實
甚至很難合理解釋他們兩人所強調的十項原則，也不符合
1970 年代兩次石油危機以來各國公私部門所普遍推動的組織
改造浪潮，因為這些浪潮都涉及組織或制度的調整，或流程
與程序的改變，或甚至是治理方式的不同，而不只是像兩位
作者所稱賽伊式資源運用場域或方式的改變。就此而言，熊
彼德（Joseph A. Schumpeter）對於「企業家精神」的看法，
可能更值得援引參考（蕭全政，1998：7-10；2003）。

　　在現代經濟學中，熊彼德所強調企業家精神的最核心內
涵，包括創新和冒風險。其中，創新與發明不同；後者提出
解決方法，而前者還須將此方法付諸實行。在資本主義體系
中，從新產品的提供、新生產方法（包括新原料的應用、生
產技術的創發與改良，及管理方式的調整等）的採用、新市
場的開拓，及新產業組織的形成等，都可能隱含且體現企業
家的創新。另方面，在現代迂迴的生產過程中，從策劃、組
織、生產、管理、行銷到後續服務等，任何的創新（特別是

愈具關鍵性者）都需要相當時日和成本投入，而且都具高風
險，更需要具有眼光、能提出新觀念、新辦法，而且能付諸
行動，以實現這些創新的企業家（entrepreneur）（施建生，
1992：86、201-202）。

　　熊彼德對於企業家和企業家精神的上述看法，早被納入
現代經濟學和企業管理的理論中，故似乎無甚特別。但是必
須指出的是，在熊彼德原來的論述中，他特別強調企業家與
企業家精神的討論，不能脫離社會現象，也不能脫離歷史實
存，因為儘管經濟理論、經濟社會學（economic sociology）
和歷史不能相互化約，但卻是相互關聯；換言之，經濟理論
（例如有關企業家或企業家精神的經濟理論）不僅涉及經濟
現象，也涉及各種社會現象的整體，而且必須和歷史動態中
的各種相關因素相互契合（Schumpeter, 1991：36-42）。因
此，儘管具創新能力的企業家是決定資本主義的盛衰循環和
經濟變遷與發展的最重要關鍵，但是他是隨著資本主義在其
歷史發展過程中逐步克服封建體系的制約而出現，並進一步
促成資本主義的發展；然而，正因資本主義的成功發展，人
類社會的技術變遷因而呈現例行化，管理業務亦表現為官僚
體制化，企業家的社會經濟功能也因為此二種趨勢而大幅消
退，甚至有逐漸湮滅於新興的社會主義之傾向（Schumpeter,
1989：229-231；1962）。

　　另方面，熊彼德又強調企業家的特色，在於能對經濟變
遷進行「創造性的回應」（creative response）。這種創造

性的回應具有三種基本特質：首先，當事人對於相關的所有
重要事情都要能完全清楚掌握，這儘管無法根據一般的推論
法則而於事前被確知，但事後一定可以被瞭解；其次，它是
歷史過程中的關鍵性因素，而且會形塑後續事件的發展過程
及它們的長期結果；再其次，其出現的頻率、強度和勝敗，
決定於該社會可得人力的品質，也受特定領域與其他領域可
得人力相對品質影響，亦受個人決策、行動和行為模式影響
（Schumpeter, 1989：222）。

　　綜合而言，熊彼德對於企業家的理念，除了強調其在
各種領域、方式和層面上的創新、冒風險之外，他亦重視企
業家必須要能充分掌握整體社會結構和歷史動態的脈絡及其
發展趨勢，並能動員夠水準的人力資源，才能確保其創新的
實踐及其冒風險行動的成功。熊彼德所強調的這種企業家和
企業家精神，嚴格地說，並不僅適用於真正經營企業的企業
家，還適用於各種想對社會變遷和歷史發展進行「創造性的
回應」之各種行為者，無論此行為者指的是個體人、部門、
組織或其他。對於一個有心推動政府改造的政治人物、委員
會、部會、黨派等，這種企業家和企業家精神的含意當然可
以適用，而且必然具有啟發性。

　　相對於賽伊的觀點，熊彼德式的企業家精神，當然也
可以在政府改造過程中接受或強調能使資源更有效運用的各
種方式，也可以提倡顧客導向、引進市場機制與民間參與，
及授權下屬或地方機構等，使政府能更有效運作的措施；但

是，其前提是，這些措施必須符合社會整體的結構特質，而且有利於其長期性的歷史發展。從相反的角度看，只要合乎社會特質和歷史趨勢，而且能動員夠好的人力予以實踐，熊彼德式的企業家其實是百無禁忌的，包括如歐斯本和蓋伯勒所說的，將政府改造成一種「更好的治理型態」，且把「官僚體系改變為富於創業精神的機構」（歐斯本和蓋伯勒，1993：32-33），只是這必須放到實存歷史因果脈絡中重新定位，而且具體實踐。

例如，以日本 1996-1999 年的政府改造為例，他們顯然是將日本放回其戰後整體的政經發展脈絡中重新檢討，而甚至將過去最稱關鍵、最具影響力的「大藏省」和「通產省」，重新「塑身」改造並大幅削權，而變成「財務省」和「經濟產業省」，並且透過內閣府的改造而集大權於首相，真正形成一個「小而能政府」（李武育等，2013：11-12）。類似日本的政府改造經驗，臺灣中央政府層級的行政院組織改造原則，即透過一個熊彼德式企業家精神的彰顯而形成並確立；其關鍵，就是 1996 年 12 月底國家發展會議的召開。

1996 年 12 月 23 日，總統府邀請各政黨代表及產、官、學各界菁英 170 人，在臺北召開「國家發展會議」；依「憲政體制與政黨政治」、「兩岸關係」，及「經濟發展」等三大主要議題而進行。在會議的進行程序和方式上，「國家發展會議」強調充分溝通、博採眾議，以形成全面共識，而不採政黨協商，也不採多數決；而且，只有取得共識者才在會

議結論中列為共同意見，否則只列為其他意見。這樣的會議
程序和方式，對於各界要在強烈的爭議與論辯中形成共識，
將具有非常積極的助益（蕭全政，1997b：4）。

　　整體而言，這次「國家發展會議」共得到 192 項共識性
結論；其中，「憲政體制與政黨政治」議題有 22 項共同意
見，「兩岸關係」議題 36 項，而「經濟發展」議題則有 134
項（國發會，1996a；1996b；1996c）。這些具共識性意見
的議題，包括解除戒嚴與終止戡亂以來最具爭議且最具爆炸
性的兩岸關係定位、中央政府體制調整，和本文主題所涉及
的行政體制的變革等（蕭全政，1997b）。「以維護中華民
國之生存與發展為基礎，……本理性、和平、對等、互惠、
尊嚴之原則」（國發會，1996b：5），建立兩岸之間穩定的
關係架構，並「加速邁向高度自由化、國際化境界，以因應
二十一世紀全球經濟競爭的新時代」（國發會，1996c：2）；
這是貫穿會議三大主題的基本原則。這些基本原則的精神，
都強調以臺灣主體性和本土化為根基，而發展臺灣的憲政體
制、調整兩岸關係，並希望能迎向全球化、邁向全球化，而
發展臺灣的經濟。

　　根據《國家發展會議「經濟發展」議題的總結報告》，
「建構一個高效率的政府，包括精簡合理的組織架構、健
全的法令規章、現代化的文官制度，以配合經濟發展的需
要」，是其共同意見中所強調三大經濟發展總體策略之一
（國發會，1996c：3）。其中，為了「提升行政效率，加

速推動政府再造，建立『小而能』的新政府」（國發會，1996c：12），顯然是一項絕對必要的措施。

◉ 行政院的組織改造

根據「國家發展會議」的共識結論，蕭萬長內閣於 1998 年元月 2 日的院會中，通過《政府再造綱領》，希望「引進企業管理精神，建立一個創新、彈性、有應變能力的政府，以提升國家競爭力」。該綱領規定，成立「政府再造推動委員會」，由行政院長擔任召集人，委員會下設「組織再造」、「人力及服務再造」、和「法制再造」三個工作小組。其次，在行動方針上，《政府再造綱領》強調：(1) 組織要精簡、靈活，建立小而能的政府；(2) 人力要精實，培養熱誠幹練的公務員；(3) 業務要簡化、興利，建立現代化、高效率的法令制度。另外，行政院也通過彰顯「彈性」的《中央政府機關組織基準法草案》與《中央政府機關總員額法草案》，並於 1998 年 5 月間，分別送請立法院審議。

另方面，2001 年 8 月 26 日，在「經濟發展諮詢委員會議」的閉幕典禮中，總統陳水扁對外宣示，「希望行政院能夠在新國會的第一會期內，提出妥善完備的政府組織改造方案，打造一個小而美、小而能的效率政府」；同年 10 月 25 日，總統府成立「政府改造委員會」。2002 年 5 月 29 日，行政院亦成立「行政院組織改造推動委員會」；其主要工

作，是依「民間能做，政府不做；地方能做，中央不做」的
原則，重新進行中央行政機關的組織調整。其中，搭配《中
央政府機關組織基準法草案》與《中央政府機關總員額法草
案》的彈性化精神，《行政院組織法》的修正，還根據「去
任務化」、「地方化」、「法人化」及「委外化」的方向，
針對業務本質進行全面性的檢討，而希望行政院真的能變成
「彈性、精簡」的行政組織（蕭全政、管碧玲和江大樹，
2001；葉俊榮，2004；宋餘俠，2006）。

　　2004 年 6 月，立法院在審議《中央政府機關組織基準法
草案》過程中，改變「中央政府機關組織基準法」的稱謂，
而通過《中央行政機關組織基本法》，並將行政院的核心組
織確立在「13 部 4 委員會 5 獨立機關」的架構上。該基本法
並沒有明列這些部、委員會及獨立機關的名稱，但是 3 個月
內，政府改造小組已確定該基本架構的內容；其中，5 個獨
立機關，就是包括中央銀行、中央選舉委員會、公平交易委
員會、金融監督管理委員會，及國家通訊傳播委員會。

　　從政府再造到政府改造，行政院的組織改造目標，一
直盤旋於精簡、靈活、效率、彈性、小而美，及小而能等特
質之上；這些特質與目標，無疑的，和國家發展會議的共識
結論完全吻合。2008 年 3 月的大選之後，政黨再度輪替。
總統馬英九一上臺，即強調「壯大台灣，連結亞太，佈局全
球」的訴求，以開拓臺灣寬廣的國際生存空間；在此方針
下，完成行政院的組織改造是必要的，甚至連地方層級的縣

市合併升格等，也是不可或缺。因此，行政院的組織改造，仍是以「精簡、彈性、效能」的「小而能政府」為目標；而在地方層級的改造中，則強調從全球網絡節點中定位的「一點多心」，進行縣市合併升格，並因而衍生出「3 都 15 縣」的改革構想。

2009 年 4 月 9 日，行政院院會通過一個包括「13 部、9 會、3 獨立機關、1 行、1 院及 2 總處（共 29 個機關）」的《行政院組織法草案》，隨而函送立法院審議。2010 年 1 月 12 日、13 日，立法院三讀通過《中央行政機關組織基準法》和《行政院組織法》的修正，及《中央政府機關總員額法》與《行政院功能業務與組織調整暫行條例》的制定；其中，行政院的組織架構被調整為「14 部、8 會、3 獨立機關、1 行、1 院及 2 總處」。加上 2011 年 4 月 8 日立法院通過，並於 4 月 27 日由總統令公布的《行政法人法》，整個行政院的組織改造，就是採取「小而能政府」的組織架構與精神（蕭全政，2012a；2012b）。

不過，相對於 2004 年 6 月立法院通過的《中央行政機關組織基本法》，最有趣的是，原定的 5 個獨立機關竟然卻只剩下 3 個，少掉原定的「中央銀行」和「金融監督管理委員會」。其關鍵理由，其實很容易了解，因為 2007 年美國房利美（Fannie Mae）和房地美（Freddie Mac）次級房貸危機及 2008 年的金融海嘯，都直接嚇到中央銀行和金融監督管理委員會；假如它們都是獨立機關，就須以委員會而不是

首長制的方式進行決策，那麼三個月或一個月才開會的委員會，怎麼應付瞬息萬變的國際金融市場呢？這個從獨立機關變成行政機關的例子，其實也反映行政院的組織調整，是直接在因應全球化潮流下各種複雜快速變遷的需要。

其實，在剩下的三個獨立機關中，「國家通訊傳播委員會」也應該變成行政院內的行政機關，而不是獨立機關。「國家通訊傳播委員會」基本上是依美國聯邦傳播委員會（the Federal Communications Commission, FCC）的模式而成立。FCC 的職權，在「數位匯流」的前提下，涉及通訊、傳播和資訊三領域，但在美國相關產業非常發達而且規模非常龐大的情況下，這些相關產業都是全球最具競爭能力者，故 FCC 的角色基本上就是以管制性者為主，而強調相關產業市場秩序的維護，及國內消費者權益的保護（黃金益，2006：101-121）。

但從實存上看，「國家通訊傳播委員會」的角色，除了管制性者外，還有須積極鼓勵與提倡者。例如，它必須思考整體臺灣在未來網路世界的角色與樣態，及未來全球化下外來強勢資訊、通訊、傳播的衝擊與挑戰下，將如何因應的前瞻性對策，故國家資訊基礎建設的優化、策略通訊傳播產業的發展，及外來強勢通訊傳播衝擊下本土文化的保護等等，都必須變成重要的政策重點，尤其更須因而強化相關科技、教育，及文化等方面的配合措施。這些都只能期待於中央政府的行政機關，而不是獨立機關，才能妥當因應。

　　另外，從實存上看，行政院循著上階段的承平體制化改革，本階段特別突顯本土化與全球化的趨勢；其中，1997年7月16日，政府設立「行政院體育委員會」；2000年1月28日，設立「行政院海岸巡防署」；翌年6月14日，設立「行政院客家委員會」。另外，2003年7月23日，公布《行政院金融監督管理委員會組織法》，2004年7月1日設立「行政院金融監督管理委員會」；2005年11月9日公布《國家通訊傳播委員會組織法》，並於2006年2月22日設立「國家通訊傳播委員會」。其中，嚴格講起來，「行政院體育委員會」、「行政院客家委員會」的設置，似乎仍比較在反應本土化、政治民主化下的社會需求，而「行政院海岸巡防署」、「行政院金融監督管理委員會」和「國家通訊傳播委員會」，則主要卻是在因應全球化的潮流，並強化政府在處理人流、物流、資金流、技術流、資訊流、服務流及文化流等方面的職能。

　　上階段以「8部2會」為核心的行政院組織承平體制化的改革，和其他三個政權的「小而能政府」組織改造方案，可以對照、比較如表3。表3中的第1欄，是2012年1月1日最新的《行政院組織法》開始生效前的組織名單；其中，從第1到第12的單位，都是通過立法院立法或修法而成立者，而另外的25個單位，都是另依《行政院組織法》第6條或各種專門法規而成立者，故有全部號稱37個部會的37個單位。其次，表3第2欄是蕭內閣政府再造版，15部6

會 1 院 5 幕僚機關 4 獨立機關的結構；第 3 欄是扁政府政府改造版的 15 部 4 會 4 幕僚機關和 6 個獨立機關結構；而第 4 欄是馬政府的 14 部 8 會 3 獨立機關 1 行 1 院和 2 總處，共有號稱是 29 個部會的結構。在此其中，三個政權的改造者、改造內容和改造過程都不相同，但其改造結果，除了名稱略有差異之外，實質內容看來差異不大，因為基本上都是根據國家發展會議所界定的「小而能政府」之理念而進行。

｜表 3 ｜行政院組織改造各版比較

「8 部 2 會」現行版 2012.1.1 以前	蕭內閣政府再造版 1999	扁政府政府改造版 2002	馬政府組織改造版 2010
1. 內政部	1. 內政部	1. 內政部	1. 內政部
2. 外交部	2. 外交部	2. 外交部	2. 外交部
3. 國防部	3. 國防部	3. 國防部	3. 國防部
4. 財政部	4. 財政部	4. 財政部	4. 財政部
5. 教育部	5. 教育部	5. 教育部	5. 教育部
6. 法務部	6. 法務部	6. 法務部	6. 法務部
7. 經濟部	7. 經濟部	7. 經濟貿易部	7. 經濟及能源部
8. 交通部	8. 交通部	8. 通訊運輸部	8. 交通及建設部
9. 蒙藏委員會	9. 厚生部	9. 衛生及社會 安全部	9. 勞動部
10. 僑務委員會	10. 建設部	10. 文化部	10. 農業部
11. 主計處	11. 農業部	11. 環境資源部	11. 衛生福利部
12. 新聞局	12. 科技部	12. 海洋事務部	12. 環境資源部
1. 文化建設委員會	13. 文化部	13. 農業部	13. 文化部

「8部2會」現行版 2012.1.1 以前	蕭內閣政府再造版 1999	扁政府政府改造版 2002	馬政府組織改造版 2010
2. 勞工委員會	14. 勞動部	14. 勞動及人力資源部	14. 科技部
3. 國軍退除役官兵輔導委員會	15. 環境資源部	15. 退伍軍人事務部	
4. 青年輔導委員會			1. 國家發展委員會
5. 原子能委員會	1. 僑務委員會	1 僑務委員會	2. 大陸委員會
6. 大陸委員會	2. 蒙藏委員會	2. 大陸委員會	3. 金融監督管理委員會
7. 國家科學委員會	3. 大陸委員會	3. 原住民委員會	4. 海洋委員會
8. 研究發展考核委員會	4. 原住民委員會	4. 客家事務委員會	5. 僑務委員會
9. 衛生署	5. 國軍退除役官兵輔導委員會		6. 國軍退除役官兵輔導委員會
10. 環境保護署	6. 體育委員會	1. 主計總署	7. 原住民族委員會
11. 消費者保護委員會		2. 人事行政總署	8. 客家委員會
12. 公共工程委員會	1. 國立故宮博物院	3. 國家發展委員會	
13. 農業委員會		4. 科技委員會	1. 中央選舉委員會
14. 經濟建設委員會	1. 主計總署		2. 公平交易委員會
15. 原住民族委員會	2. 政府發言人室	1. 中央銀行	3. 國家通訊傳播委員會
16. 客家委員會	3. 人事總署	2. 中央選舉委員會	
17. 體育委員會	4. 企劃及行政管理總署	3. 公平交易委員會	1. 中央銀行
18. 國立故宮博物院	5. 法制局	4. 國家通訊傳播委員會	
19. 中央銀行		5. 公共運輸安全委員會	1. 國立故宮博物院

「8 部 2 會」現行版 2012.1.1 以前	蕭內閣政府再造版 1999	扁政府政府改造版 2002	馬政府組織改造版 2010
20. 海洋巡防署	1. 中央銀行	6. 核能安全管理 委員會	
21. 人事行政局	2. 中央選舉委員會		1. 行政院主計總處
22. 金融監督管理 委員會	3. 公平交易委員會		2. 行政院人事行政 總處
23. 公平交易 委員會	4. 消費者保護 委員會		
24. 中央選舉 委員會			
25. 國家通訊 傳播委員會			

＊資料來源：本研究自行整理。

　　「小而能政府」的理念，強調政府的角色在於領航（steering）而不在划槳（rowing）、中央政府授權地方、引進更多民間參與及市場機制、增加委託民間辦理，及加強資訊科技的利用等，好讓政府的角色變少、規模變小，但其職能卻是要變強、變大。總之，政府必須徹底改變其強調控制與主導的角色，轉而多重視領航、協調與仲裁功能，以發揮熊彼德式企業型政府的特性（蕭全政，1999），而迎向民主化、資訊化與全球化的年代。

　　在「小而能政府」的理念下，行政院即根據「精簡、彈性、效能」的原則，重新調整其組織結構與職能分工。為達成組織的「精簡」，行政院將其 37 個二級機關裁併成 29 個，而且將約 280 個三級機關（構）簡併成為 70 個署、局，

及依業務屬性、規模調整適當層級之機關（構）。其次，為了體現「彈性」的原則，《中央行政機關組織基準法》、《中央政府總員額法》，及《行政法人法》，亦分別被制訂；前兩者的目的，都在追求組織與員額編制上的鬆綁與彈性運用，尤其為了支撐這些鬆綁與彈性運用的合理性，更設有「人事行政總處」與「主計總處」專門職司涉及這些組織、員額及預算上的評估與調整，而《行政法人法》更是要簡化政府的職能，並引進民間參與及市場價格機制。這些鬆綁與彈性運用，都是希望在全球化潮流所隱含人流、物流、資金流、技術流、資訊流、服務流與文化流的複雜、瞬息萬變中，提升政府的應變能力，增進其政策制訂與政策執行能力，並進而提升臺灣的國際競爭力。然而，在此其中，最稱關鍵的，仍屬號稱「部會中的部會」的「國家發展委員會」；在關照國家整體發展的角色定位下，它將在各部會之間負責重大資源、政策或計畫上的協調與分配，而發揮政府總體的「小」，卻展現「能」的作用。

綜合而言，然而，由於整個行政院組織規模龐雜，所有二級和三級機關（構）要同時進行全面性的調整似乎不是一件簡單的事，以致於政府採取一種權宜的方式，從 2012 年 1 月 1 日開始，故包括「行政院院本部」、「法務部」、「客家委員會」、「中央選舉委員會」、「中央銀行」，及「國立故宮博物院」等六個沒爭議的部會先行上路；其次，為確保能對整體行政院體系的組織、員額與預算，進行及時與適

宜的評估和彈性調整，故「行政院人事行政總處」及「行政院主計總處」亦於 2 月 6 日設立。另外，為強化其領航的職能，行政院亦於 2014 年 1 月 22 日，將「行政院研究發展考核委員會」和」行政院經濟建設委員會」合併而為「國家發展委員會」，以統理涉及國家整體生存和長期發展的業務措施。這三個新單位都是非常重要，是此次行政院組織改造中，在強調精簡、追求彈性的「小」之外，還希望發揮其「能」的必要措施。

◉ 地方政府的縣市合併升格

戰後臺灣的地方行政體制一直缺乏一個成熟穩定的架構，而不斷在調整之中；1982 年 7 月，隨著嘉義、新竹升格為省轄市，臺灣的行政區域即變成 1 省、2 直轄市、5 省轄市及 18 縣的格局。1996 年 12 月的國家發展會議又明確建議「精省」，1997 年國民大會也在第 4 次修憲工程的憲法增修條文第 9 條之中，將省長、省議員的民選方式取消。「臺灣省虛級化」之後，直轄市與縣（市）同級化，但兩者在組織、編制和財稅資源上的顯著差異，卻使縣（市）要求改制直轄市的聲音不斷出現。2002 年 10 月，行政院經建會進行臺中縣、市合併升格直轄市方案的規劃；2003 年 8 月，內政部委託研究的《健全地方自治圖貌》（蕭全政等，2003），亦肯定臺中縣市合併升格的策略意義與可行性。2007 年，

總統馬英九在競選過程中提出「3 都 15 縣」的概念；2008年，政黨再度輪替，內政部隨即積極展開縣市合併改制的政策規劃（內政部，2011：2-4）。其中，最關鍵的政策規劃者，就是成功大學都市計劃系的姜渝生教授（姜渝生，2008；2009；2010）。

在馬政府「壯大台灣，連結亞太，佈局全球」的訴求下，光是「小而能政府」的落實似乎仍不能克竟全功，因為姜渝生教授認為，「政府遷台後的行政區劃細碎化產生了許多空間治理的無效率及不公平」（姜渝生，2009：1），致使中央與地方之間完全缺乏有機的緊密連結，而就算讓中央政府變「小」，也很難有「能」，故他強調須從整體國土空間的發展策略中，重新定位內外關係，而且調整公共資源的分配機制（蕭全政，2009）。

姜教授認為，「當前台灣發展之最關鍵課題可歸納為三方面：對外必須能夠提升國際競爭力以使整個餅可以做大，對內必須去除內耗的零和競爭並化解區域及城鄉發展差距，公共資源分配機制則應做到效率與公平的兼得而非兩失；三項課題的解答必須能夠一一反映在各部門包括區域治理的發展構想中」（姜渝生，2009：1）。因此，從總體層次看，為「因應資訊化時代及兩岸的開放，未來台灣發展已定調將採『一點多心』的空間佈局模式，即在全球網絡結構中整個台灣應成為一個重要的節點，而內部則為許許多多大小與功能不一的中心，透過運輸及資訊服務緊密結合為一體，空間

各區塊均具有國際接軌的能力」（姜渝生，2009：1）。故「此次台灣規劃所建議的空間治理分區發展方向，是將環境條件具特殊性的東部及離島劃設為特區，並建議進一步評估將中央山脈保留區劃設為原住民特區，而其餘的西部走廊高度發展地區則逐漸發展成為北台、中台、南台三個城市區域」（姜渝生，2009：1）。其中，「形成三個城市區域的主要效益，第一是可使同一區域內的城與鄉建立夥伴關係，有助於化解城鄉差距；第二是區域的治理，包括水資源、環境、交通、產業用地、公共設施等均可以有較理想的整體發展，不致因行政界限而分割或對立；第三是各城市區域在上述整合下可以強化對外競爭力」（姜渝生，2009：1）。

　　綜合而言，在縣市合併升格中，「三大城市區域或許可視為所謂『三都』的終極發展目標，縣市的合併則可視為步向終極目標三大城市區域之階段性進程。三大城市區域的形成，基本上並不需要有一定的時間表，且各區域逐漸步向終極目標的路徑必然隨客觀條件之不同而有別，各城市區域可能為單核，亦可能為多核。此外，城市區域的形成，除了可採行政區重劃的剛性手段之外，同步亦應推動軟性手段的跨域治理機制」（姜渝生，2009：1）。姜教授的這些觀點，基本上即構成「3 都 15 縣」改革構想的主要內容；其中的 3 都，包括合併台北直轄市、台北縣及基隆市，而為台北都；合併台中縣市，而為台中都；及合併高雄縣與高雄直轄市，而為高雄都。其次，新竹縣市、嘉義縣市，及台南縣市，分

別合併為縣；經直轄市與縣市合併之後，1982 年以來的 1
省 2 直轄市 5 省轄市及 18 縣的格局，將在省虛級化、5 省轄
市（包括基隆市、台中市、新竹市、嘉義市及台南市）的消
失，及 3 縣（包括台北縣、台中縣和高雄縣）的被整併，而
使整個地方行政區域變成 3 都 15 縣（姜渝生，2009：1）。

　　2009 年 4 月 3 日，立法院三讀通過《地方制度法》修
正案，賦予縣市改制直轄市之法源依據；內政部隨即對外昭
告，請有意改制之縣市提出計畫，並積極準備審查工作；6
月 23 日，最稱關鍵的審查會，自上午 8 時 30 分開始，下午
6 時 10 分之後開始綜合討論，一直持續到晚間 11 時多。結
果：全體委員一致贊成改制的有三案，包括「台中縣市合併
改制案」、「台北縣升格改制案」，及「高雄縣與高雄直轄
市合併改制案」；全體委員都不贊成的改制案也有三案，包
括「桃園縣升格改制案」、「彰化縣升格改制案」，及「雲
林縣、嘉義縣合併改制案」；而「台南縣市合併改制案」，
「因審查委員無法形成共識，經深入討論，基於考慮台灣文
化的軟實力，為形塑台灣文化主體性及宜注意台灣經濟發展
之現況、實力，內政部將審查小組委員之正反意見併陳行政
院核裁」（內政部，2011：95-96）。2009 年 7 月 2 日，行
政院通過前三案，也核准「台南縣市合併案」的改制升格。

　　在「台南縣市合併案」的審查過程中，臺南縣長蘇煥智
曾以臺南市是古都的基礎上，提出「打造台灣的京都」，以
促成國際觀光旅遊產業的發展；筆者是審查委員之一，故也

對臺灣文化主體的形塑及兩岸文化競爭的角度發言，但都沒完整出現在內政部的改革實錄之中，故可以稍作補充如下兩段。

　　臺灣向來自認為是中華文化的繼承人，這除了表現在教育、文化及日常的社會生活之外，最具體的是體現在故宮博物院的豐富收藏之中。但是，就如同以往經常和趙永茂教授談論的，臺灣對故宮博物院的收藏，基本上只是把它們當成古董、寶物一樣的收藏、展覽與管理，並沒有把那蘊藏在古董、寶物中無限強大的文化、生命力開發利用；相對的，中國在改革開放之後，國力大增，甚至將文化視為軟實力，而全力對外推廣孔子學院。在文化上，臺灣已逐漸屈居弱勢，而甚至無法再強調是中華文化的繼承人；臺灣必須另闢途徑而強調臺灣文化，才能繼續擁有文化主體性；但臺灣文化又不能完全切斷跟中華文化之間的關係，就像不能把閩南話直接當成臺語一樣。因此，臺灣必須突顯的是臺灣文化的獨特性，這必須回到先民開臺以來的生活過程、文化累積和歷史經驗的林林總總，重新整理、淬鍊；其中，當然要包括南島語系的原住民族及列強和其他各國人民曾在這塊土地上的各種活動、經驗與累積。

　　從實存上看，先民的開臺，其實就是始於臺南縣市。臺南市有孔廟的「全臺首學」，也可以從安平港和鹿耳門出發，循著臺江內海的開拓遺跡，探索先民與平埔族及後來的荷蘭人、日本人等，如何互動與交流，而累積與突顯臺灣文

化的獨特性。這整個區域，以臺江內海而言，就包括了臺南縣市整個範圍，尤其老臺南市已有「國立臺灣歷史博物館」和「國立臺灣文學館」，更有助於臺灣文化的整理與全國性的推廣。此外，臺南縣市的合併，將更有助於整片土地的開發利用，尤其是有助於整個河川體系的整治與管理，當然亦有助於促成和開發過程有關的觀光旅遊體系的發展。

2009 年 6 月開始展開的「3 都 15 縣」改造計畫，加上沒直接參與該改造計畫的臺北市，結果卻造成「5 都 17 縣市」的結局，變成 5 直轄市、17 縣市；2012 年底，桃園縣又通過行政院的審查升格，進一步變成 6 直轄市 16 縣市的格局。這個結果，相較於原來規劃中的「3 都 15 縣」目標，似乎讓人有些失落或失望的感覺。

然而，雖然「6 直轄市 16 縣市」的格局相當不同於原來的「3 都 15 縣」架構，但是，若根據姜渝生教授所指出的，「三大城市區域或許可視為所謂『三都』的終極發展目標，縣市的合併則可視為步向終極目標三大城市區域之階段性進程」（姜渝生，2009：1），則兩者之間的差距，似乎並沒有表面上看起來那麼大，而只是過程和目標，或是短期與長期之間的差別而已，當然最重要的還是在於未來的實踐。

相對而言，這個改革的最重要意義，還在於用「一點多心」來界定全球化潮流下臺灣和全球網絡節點之間的關係；「一點」即表示臺灣需以交通設施和網路通訊縮短或無形化與全球網絡之間的有形距離，而「多心」則是以多個直轄

市，分別整合其週邊的縣市，並從事對外的有效競爭。這樣的組織架構脈絡，雖然其形成過程與基本精神無涉行政院組織改造的「小而能政府」模型，但其實它們可以真正結合或配合完成組改後的行政院組織體系。

臺灣政府組織改造的
檢討與反省

▼

　　自 1987 年 7 月解除戒嚴以來，臺灣的政府組織改造至少也已經歷了 30 多年；其中，無論是中央層級的行政院組織改造，或地方層級的縣市合併升格，嚴格而言，都還沒達成一個週期的終點，例如，前者還有五個部尚未完成組織法制的立法，而後者的直轄市也尚未發揮整合週邊縣市並從事對外競爭的角色。因此，這些改革過程與經驗是值得在此進行一些基本的檢討與反省。

◉ 政府組織改造需以特定政經體制的特質為基礎

　　政府的組織體系，基本上必須因應內外政經體制的特質與變遷，而不斷進行必要的改革與調整；其間，每個國家的政經體質不同，或政經挑戰不一，其政府組織體系的改革或調整方向，或內容，必然也就有所不同，所需要的時間與過程，也會不一樣，雖然其間很難避免會有參考或仿效的現象存在。以日本為例，1996 年 11 月 19 日，首相橋本龍太郎邀請勞工組織、學術界、產業界及媒體代表等，成立「行政

改革會議」；1997 年 12 月 3 日，即提出以「精簡中央機關組織架構」為任務的六大行政改革方案；1998 年 2 月 7 日，日本政府向國會提出《中央機關改革基本法》，國會隨即於 1998 年 6 月 9 日通過《中央省廳改革基本法》，將「1 府 22 省廳」的架構精簡為「1 府 12 省廳」，並配合於 1999 年 7 月、9 月通過相關法案，而如期於 2001 年元月 6 日開始施行新的組織架構（李武育等，2013：10-11）。前後大約 4 年的期間，日本即完成了一個改革的週期。

相對的，臺灣自解除戒嚴的 1987 年即開始行政院組織的調整，但至今卻尚未完成整個《行政院組織法》的修訂。當然，臺灣《行政院組織法》的修訂，一開始就不是一種行政改革，而是政治改革，即須先將其戰時體制改為承平體制；但就算採取同樣「小而能政府」模式的 1996 年（以召開「國家發展會議」起算），（李武育等，2013：10-11）或 1998 年（以蕭內閣的《政府再造綱領》起算）為準，臺灣也已花了 21-23 年，達到日本的 5 倍以上。日本所以能在 4 年之內完成其一個週期的大幅度政府組織改造，假設其他因素不變，最稱關鍵的，應該是表示他們的政經體制已經發展到成熟、穩定，而不再有足以影響或衝擊結構穩定的大矛盾存在。

相對而言，臺灣花上比日本 5 倍多的時間還不能完成一個改革週期的事實，其實至少證明了一件事，就是行政院的組織改造基本上是受到整個國家政經體制的特質所制約，

即整個國家的政經體質如果沒達到一個相當平衡、穩定、具有相當共識性的基礎，其中央政府的組織改造根本完全談不上；可不是嗎？解除戒嚴才意味著臺灣正式從威權體制邁入威權轉型時期，何來成熟、穩定的政經體制？這個事實也說明了為何俞內閣在 1988 年 10 月即向立法院提出改革方案且要求審議，但卻無疾而終；後續的郝、連、蕭、唐，及張（俊雄）內閣，亦沒有正式向立法院提出改革方案，一直到 2002 年以後的游、謝、張（俊雄）內閣才先後向立法院提出改革方案，但立法院卻沒能好好審議，直到 2010 年 3 月，立法院才正式審議而且通過吳（敦義）內閣所提出的改革方案。

其中，1996 年的總統大選，顯然確立臺灣已真正邁入民主鞏固的階段，故 1996 年 12 月的「國家發展會議」召開之後，「小而能政府」的改革方向與內容，才能迅速得到各方的高度共識，而且深受各界的肯定；其次，1998 年元月 2 日，蕭內閣即能通過《政府再造綱領》，開始推動涉及組織再造、人力及服務再造，與法制再造的政府再造運動；繼而在 2001 年 10 月 25 日，扁政府即在府內設立「政府改造委員會」，開始推動「去任務化」、「地方化」、「法人化」，及「委外化」的政府改造運動。政府再造與政府改造，其實都是在推動「小而能政府」的形塑，只是後者在游、謝、張內閣都曾向立法院提出改革方案，但沒有正式審議；一直要到馬政府時代，「小而能政府」的組織改造內容，才在國會

優勢下迅速通過。行政院的組織改造，很明顯的，深受臺灣政經體制的特質與變遷影響。

◉ 組織體制的完成立法是關鍵步驟

其次，從整個行政院組織的改造過程看，無論是強調政府再造、政府改造或政府組織改造，三個政權基本上都是以「小而能政府」為目標而進行；故若以熊彼德的企業家精神為標竿，實在是很難批評、比較表 1 所列三政權改革方案的是非對錯。但是，若從行政院院會確立其部會組織結構，到各部會的實際設立過程看，的確有些問題是值得提出來檢討。在 2009 年 4 月 9 日，行政院院會通過一個包括「13 部、9 會、3 獨立機關、1 行 1 院及 2 總處」的新組織草案，隨而函送立法院審議；2010 年 3 月，立法院卻通過行政院「14 部、8 會、3 獨立機關、1 行、1 院及 2 總處」的組織結構；其中的「國科會」改成「科技部」，是在立法院三讀時的臨門作為，而被指為是「國科會」和其他相關機關對立法委員的遊說成果（林智勝，2014：114-115）。

行政院院會或立法院通過行政院組織結構時，這些部、會或各機關、組織之間的職能分工，雖然不是鉅細靡遺，但應該都有相當清楚的劃分。部會組織法制的完成立法，意謂著各機關組織的上下、左右之間的職能分工已正式確立，而且得到國家公權力的正式支持。然而，臺灣的行政院組織改

造缺乏這個步驟，以致於帶來相當困擾的問題；2010 年 3 月，立法院在三讀時才臨時翻案，將行政院長期規劃且經行政院院會通過的「國科會」變成「科技部」，也許可以看成是第一個惡例。在 2012 年 1 月 1 日開始逐步施行新的部會架構時，在缺乏完整的部會組織立法之下，較單純、無爭議的小機關先行設立；而越複雜、越有分量，或越有爭議的，則越晚逐步出現，以致於到 2019 年 5 月 3 日，行政院才將包括「內政部」、「環境資源部」、「交通及建設部」、「經濟及能源部」，和「農業部」等，最後 5 個部的組織法草案送請立法院審議。這 5 個部的組織改造經驗，複雜多變，似乎可以說，就是集各種惡例的大成。

這 5 個部的業務內容和管轄範圍，基本上都是相當複雜而涉及各種爭議；但是，類似這種組織改造的事務，哪一個不會涉及複雜的爭議？而一旦涉及爭議，不是有最高的主事者可以協調嗎？因此，在這些部中的複雜爭議，可能都不是最稱關鍵的原因；真正的關鍵原因，可能就存在於改革過程中各個部會的本位主義太強，而變成像利益團體一樣的向立法者遊說施壓，因而甚至改變了行政院院會所通過的改革方案。其中，最嚴重的，應該就是這五個部（林智勝，2014：103-115），例如，「內政部」將原要移撥「環境資源部」的「國家公園署」，和要移撥「交通及建設部」的「營建署」全部留下；「環境資源部」的「水利署」移入「經濟及能源部」，「氣象局」移入「交通及建設部」，「森林及保護署」

移入「農業部」等（林智勝，2014：107）！2019 年 4 月，行政院又將「交通及建設部」中的「公共工程委員會」移入「國家發展委員會」，導致過去為表示中央重視「建設」，而將「營建署」和「公共工程委員會」移入「交通部」，並改稱「交通及建設部」的該部出現窘境，即目前該部之內，已沒有任何單位可以反映其部名稱上的「建設」兩個字！

　　在行政院缺乏統一法制立法的情況下即開始逐步設立各部會，必然導致各部會本位主義的作祟，而出現如上述 5 部之間的爭議與重劃「勢力範圍的現象」。當然，其實最嚴重的狀況，應該是發生在「國家發展委員」的弱勢化問題。「國家發展委員會」正式成立於 2014 年 1 月 22 日，晚於行政院新組織開始上路的 2012 年 1 月 1 日，足足超過兩年以上。在待成立的 30 個單位（29 個部會＋行政院院本部）之中，「國家發展委員會」的成立名列第 20；除「行政院院本部」之外，還有 7 部和 7 會，加上 1 行 1 院和 2 個總處，都比「國家發展委員會」早成立。一個這麼晚才出現的單位，怎麼可能是原先界定的「部會中的部會」呢？難怪行政院後來會出現所謂的「大政委」制！

　　根據媒體報導，「國家發展委員會」曾做過一份統計，顯示 2000 年前的國民黨政府最重視「國家發展委員會」（即改制前的「行政院經濟建設委員會」），重大的財經政策都在此形成，故每個月開會次數平均 3.8 次；扁政府時期，降到 3.2 次。2008 年國民黨政府重回執政，但其開會次數降至

每月 2.0 次；2014 年 1 月 22 日，將「行政院研究發展考核委員會」和「行政院經濟建設委員會」合併而為「國家發展委員會」後，每月開會的平均次數更降至 0.8 次。2016 年 5 月，蔡政府上台後一個月之內，行政院院長林全曾召集內閣官員討論如何落實總統政見的「英式午茶」中，「國家發展委員會」主委陳添枝卻未受邀參與，「國家發展委員會」的角色引發各方的討論（李順德，2016）。在後續的一例一休之修法中，外界只見勞動部，卻不見「國家發展委員會」，也引起「那就直接裁掉」的呼籲（風傳媒，2017）。唉，夫復何言？

◉ 6 都 16 縣市的反省

相對而言，在地方層級中，以縣市合併升格為中心的「3 都 15 縣」改革藍圖，其實是一個非常好的政策與構想；雖然後來導致「6 都 16 縣市」的發展，但長期而言，並沒有背離原來的發展設計，即仍可以「3 都」、三大城市區塊為中心而發展。但是，「3 都 15 縣」的改革藍圖，其實還只是一個主幹計畫，將來必然還會涉及主幹以外的枝葉部分，如縣市本身和鄉鎮市層級的組織與治理關係的調整，這還有賴將來進一步推動行政層級或區域重劃來解決；過去曾想以 20-30 萬的人口規模進行區的重劃，但卻完全沒有進行。當然，目前比較麻煩的是，現在的「6 都」並沒有適當發揮整

合週邊縣市而且從事對外競爭的角色，似乎主要仍只顯現是6個自謀擴張的諸侯，甚至因而加大城鄉在財政資源、公務人力配備與職級上的實際差距。

中央政府將來似乎可以善用各種財政手段，強化各直轄市與週邊縣市之間的整合關係，並提升他們的對外競爭能力；另方面，也可鼓勵不同層次的區域重劃或跨域合作，而提升臺灣內部地方基層之間的整合。因此，在結構脈絡上，如何透過「一點多心」的地方「3都15縣」構想，結合中央「小而能政府」的改造框架，落實姜渝生教授所言，「在全球網絡結構中整個台灣應成為一個重要的節點，而內部則為許許多多大小與功能不一的中心，透過運輸及資訊服務緊密結合為一體，空間各區塊均具有國際接軌的能力」（姜渝生，2009：1），而成就臺灣從中央到地方的一體化空間治理與發展脈絡，顯然就是一個非常關鍵的課題。

另方面，從功能性角度看，自2010年代中期後，臺灣的公民社會和公民參與已變得相當普遍而成熟；學界更是以趙永茂教授為中心，而提倡「社會代議的崛起」（趙永茂，2018），這真是非常值得學界喝采的事業。趙教授曾說，「過去台灣的地方自治與民主，係建立在為人詬病的家族政治、派系政治、黑金政治、妥協與威權的政黨與政商政治之上，形成被黑金與派系及不負責的政黨政治所綁架。在這種代議政治及政治生態之下，地方行政與立法決策係建立在派系、黑金與政黨結盟的基礎之上，形成政商、黑金代議綁架

行政的決策三角。如何改變這些決策三角，讓地方立法、預算與行政監督過程中，反思打破政商、黑金的代議壟斷，在地方立法與決策過程中，引進地方各種獨立團體、專業人士、利害關係者及關心的社會大眾，協助監督這些決策過程，讓地方行政與代議監督過程，能夠更透明、公開及課責。讓地方公共治理時代的來臨，促成政商、黑金代議時代的轉型，開啟台灣地方民主與公共治理時代」（趙永茂，2018：79-80）。

趙教授所言，「政商、黑金代議綁架行政的決策三角」，其實並不只普遍見於地方，更是普遍見於中央；本文所分析的行政院組織改造，即有類似「決策三角」的存在，而且此「決策三角」不一定都是在「綁架行政」，更可能是到處多元的綁架，或甚至是相互綁架。所以，社會代議所隱含的治理問題，其實是一個全國性的問題；用趙教授的話來推論，它其實是一個要全面開啟臺灣民主與公共治理時代的最重要關鍵，也更值得學界的關心與努力。

第 10 章

戰後臺灣的
文官體制改革

Introduction
導論

　　全球化潮流對於臺灣文官體制的衝擊，必然是非常的徹底與全面性，因為全球化潮流非常複雜與快速變遷，而文官體制卻是一個根據非常細膩的分工而形成、運作且發展的體系，故其衝擊是深刻而且普遍的，值得深入的討論與分析。

　　文官系統，對於任何現代國家而言，都是其國家統治機關的主體；政府的公能力、公信力和公權力，都必須仰賴常任文官的政策執行，及其在政策制定過程中的輔助性功能，才能具體而持續的展現；而從實存的角度看，文官系統鑲嵌於國家統治體系之中，故整個文官系統和文官體制必然深受相關政治、經濟、社會、文化及法律生態與變遷的影響，故要改造全球化下的臺灣文官體制，必須先從整體的角度和長期的觀點，對整個文官系統和文官體制的實存結構和動態變遷，進行歷史結構性的因果分析。

　　威權時代的文官系統和文官體制，必然不同於後威權時代的文官系統和文官體制，本章將先討論威權時代的文官系統和文官體制，次論後威權時代的狀況，然後，再論全球化時代文官系統的調整。

威權時代的文官系統和
文官體制

▼

　　在政治學中，所謂的威權主義（authoritarianism），不管它最高的政治權力是由政黨、軍人、宗教領袖、官僚或君主所控制（呂亞力，1987：161-167），也不管它被稱為現代化威權體制、官僚威權體制、民粹式威權主義、軍事民粹主義（Malloy，1977：3），或剛性威權主義、軟性威權主義（Winckler，1984；1989），它都強調以國家公權力為基礎的國家統治機關對於民間社會的控制與主導。「這種控制與主導關係，表現在政治上的，是對於人民部分基本人權與部分參政權的限制；在經濟上的，是對於經濟活動與市場行為的管制與操縱；在社會上的，是對人民團體與社會運動的動員與壓制；在文化上的，是對意識形態與傳播媒體的灌輸與控制」（Perlmutter, 1981）。戰後臺灣所建構與發展的威權體制，即具有上列這些特性（蕭全政，1995：147）。

　　臺灣威權體制的形成，始於 1945 年光復後的對日接收，而 1948 年行憲之後的戡亂時期臨時條款之制定，與 1949 年 5 月 1 日開始生效的戒嚴，都使臺灣重新陷入戰時體制之中，而使威權體制順理成章的發展。1949 年 12 月 8

日，國共內戰的失利，也逼使中央政府撤守臺灣；因此，150 種的戡亂法規，加上戒嚴令的生效，臺灣的威權體制即得到非常強有力的支撐，當然，「特別權力關係」自始就是一根有力的支柱。

1950 年後，臺灣文官系統所表現的，一直是在扮演威權國家機關控制與主導民間社會的政策工具，以體現這種控制與主導關係；因此，技術官僚的概念，是不斷被強調與肯定的。「其實，黨政軍當家的威權體制對於文官系統的影響與制約，並不限於使文官系統工具化；文官系統的形成、組織、再生、運作、變遷等各方面，亦普遍深受該黨政軍體制的影響與制約。簡言之，整個文官體制的相關重要層面，均深受此威權體制的影響」（蕭全政，1995：147-148）。本節以下只論其中之最顯著者。

◉ 人事任用多軌化

在威權政府強調代表法統的前提下，臺灣的文官考試給予僑生加分優待，也確立分區定額制，以保障不同地區省份人民的配額；同時，退除役官兵在一般高普考中，亦有加分優待，造成錄取標準的多元化，而且在同屬臺灣住民間製造特權與不公。

更重要的是，多軌任用制度亦因而產生，因而嚴重扭曲文官系統和文官體制。基本上，在公務人員的任用上，除被

界定為正式文官考試的高考和普考之外，還有十多種其他特
種任用法規和考用制度，專為黨、軍系統人員的轉任文官大
開方便之門。例如，1971 年之前，有為黨、團員工轉任公
職人員而舉辦的社工特考；有為軍職人員轉任文職人員而舉
辦的轉任公務人員、交通事業人員、衛生行政人員、鄉鎮區
縣轄市兵役人員、報務人員等等的特種考試；以及有為上校
以上軍官外職停役轉任公務人員而舉辦的檢覈等（蕭全政，
1995：148-149）。

　　此等專為具有黨、軍身分人員而舉辦的特種轉任考試之
及格率，相對於一般高考和普考的及格率，都普遍偏高。歷
來高考和普考的及格率平均都低於 10%，而轉任考試及格率
最低的報務人員類（1972 年），仍高達 33.8%，而兵役人
員與交通事業人員的轉任，竟分別高達 97.6%（1961 年）
和 81.9%（1966 至 1985 年間）；值得提醒的是，在 1958 至
1989 年間，轉任公務人員的及格率，也達到 42.2%，參見表
4。此外，上校以上軍官外職停役轉任公務人員的檢覈及格
率，除 1989 年外，歷年來均達到 100%，使得臺灣文官系統
高級人才外補管道（包括甲等考試及格 503 人及上校以上軍
官轉任檢覈及格 1660 人）中，有 77% 是來自軍官轉任（考
選部，1991）。

| 表 4 | 歷年退除役軍人轉任考試平均及格率

項目	平均及格率（%）	期間
轉任公務人員	42.2	1958 至 1989 年
轉任交通人員	81.9	1966 至 1985 年
轉任衛生行政人員	67.2	1976 年
轉任鄉鎮區縣轄市 兵役人員	97.6	1961 年
轉任報務人員	33.8	1972 年

＊資料來源：依中華民國考選統計歷年資料計算。

其中，「在大量軍職人員，尤其是高階者，轉任文官下，舉凡國防、情治、警政、人事行政、交通、主計、工務系統，及公營事業等，都普遍出現由軍職轉任人員主導與領導的現象；而其死板與嚴峻的意識形態特質、僵化與權威的組織行為，都容易促成獨斷、保守與低效率的行政文化」（蕭全政，1995：149-150）。

◉ 文官系統政治化

威權體制強調對文官系統進行意識形態上的控制與形塑，因此，文官考試時，三民主義或國父思想是必考科目；文官進用時，當事人必須通過忠誠調查；公營或政府機關都廣設黨務機構和「人二室」，負責平日言行，以為考績與升

遷的依據；其中，高階文官的升遷，更需經過革命實踐研究
院的講習訓練。

　　其次，威權政府一方面將常任文官的升遷管道接往政務
官系統，而將事務官政務官化；另方面，亦透過「政務官退
職酬勞金給與條例」及年資採計，而使政務官常任文官化。
此外，又設立甲等特考制度，而被批評為是因人設科，專為
權貴子弟進行黑官漂白。

◉ 人事行政一元化

　　為加強中央對於地方的控制，威權政府向來除主計外，
又力行「人事一條鞭」制度。此人事一條鞭的涉及範圍，並
不限於中央到地方的人事主管人員的任免操控，還包括整
個人事管理體系的考選、任用、考核、升遷、銓敘等；這就
必然引起「考試院」和行政權膨脹下的「人事行政局」之間
的紛爭。但最稱關鍵的，還在於其抽空地方的人事主管、任
用、升遷、考核權，讓地方難於選用適當人員及進行有效人
事管理，更難於隔絕來自中央的文官系統政治化與多軌任用
制度的弊端。

◉ 文官體制戰時化

　　政府遷臺以來，實施戡亂、戒嚴體制，整個文官體制亦

因而有戰時化的傾向；其中，影響最大的，莫過於以「特別權力關係」界定國家與公務人員之間的關係，及因而必須面對行政組織與運作的非正式化，和文官待遇、訓練與權利義務的戰時化。

根據吳庚大法官的歸納，國家機關與文官間之特別權力關係，具有以下五種特質：(1) 國家機關與文官之間的地位不對等；(2) 文官對國家機關的義務不確定；(3) 國家機關有特別規則約束文官；(4) 國家機關對文官有懲戒罰；(5) 文官不得爭訟（吳庚，1992）。在實際運作上，公務人員必須承受許多無定量勤務，不能休閒，無自主性，而對於委屈與不公，亦缺乏合理救濟（訴訟）制度。簡言之，公務人員的基本權利，根本沒有最低保障，而其義務卻可能不當的擴張。

其次，在行政組織上，行政院的組織一直維持在戰時體制的「8 部 2 會」基本架構，但卻又依《行政院組織法》第 6 條，僅根據行政部門的意願，另設各種不同功能的委員會或其他組織，完全無視《中央法規標準法》的相關規定。另外，在人事行政運作上，憲法及《人事管理條例》等所賦予考試院的職權，亦在戰時體制的行政權擴張下，多由行政院人事行政局所接收；而其運作規則，如「行政院所屬各級人事機構設置管理要點」，亦多以行政命令方式存在。

同樣的，在戰時體制下，「公務人員的俸給以維持基本生活為基準，因而影響公務人員的薪資、福利與考績制度；在訓練進修設計上，亦缺乏整體的規劃，經常出現以『意識

形態』為主調的課程安排，難以和行政實務或升遷、考核相結合，致使相關機關必須『派公差』式的選派『受訓專家』參與，導致訓練的形式化和資源浪費」（蕭全政，1995：153）。

後威權時代的文官系統與文官體制

▼

　　戰後臺灣威權體制的轉型與徹底變遷，從較形式化的政策與制度角度看，是始於 1987 年的解除戒嚴、擴張於 1991 年的終止戡亂，而大致上完成於 1996 年的總統大選之後。然而，若從實存的政治經濟變遷角度看，1971 年中華民國退出聯合國之後，緊接著 1973 年的石油危機、1974 年的世界性糧食危機、1978-79 年的二次石油危機和美國新保護主義，都使臺灣的威權政府在外在政治正當性危機及經濟積累危機的衝擊下，誘發內在的政治正當性危機及經濟積累危機，讓臺灣的威權體制必須進行重大的必要調整，因而導致經濟自由化、政治民主化和社會運動的發展，也促成威權體制的激烈轉型。

　　首先，自 1970 年代中期後，國內的反對運動已普遍從省籍權力分配、階級利益分配，及政經主體性等實際結構和意識形態層面，向威權體制挑戰，因而有《臺灣政論》、《夏潮》、《這一代》、《美麗島》、《八十年代》等政論性雜誌的出現，和鄉土文學論戰的進行。 1977 年，中壢事件爆發，政治反對運動的聲勢更加蓬勃發展；同時，美國國會和

行政部門，亦逐漸以人權的關懷為由，聲援國內的政治反對運動。這些複雜的內外因素，都是促成 1986 年民進黨成立，及 1987 年臺灣解除戒嚴的重要因素之一。

另方面，解除戒嚴後，各式各樣的自力救濟驟然暴增，而各種有組織的政治、社會、文化團體，更如雨後春筍般紛紛出現（張茂桂，1989）。蕭新煌把這些團體歸類為 17 種運動，並認為所有運動都要求政府改變它與民間社會間的關係，而且絕大部分的直接訴求與衝突對象就是政府本身（Hsiao，1989）。這些社會運動，主要包括工運、農運、婦運、環保、學運與無殼蝸牛運動等（哈，就是沒有公務人員！），幾乎都一方面批判「宰制性國家機器」的僵化與無能，另方面則強調以草根性社會運動進行社會改革，重建新的文化、倫理、制度與競賽規則，以保障人權、照顧弱勢團體，並容許社會的多元成長和文化的活潑發展。

另外，自 1980 年後，雷根政府為降低臺灣的對美貿易順差，要求臺灣加強大宗物資和公共工程的對美採購外，也希望臺灣降低關稅與非關稅性障礙：1984 年後，美國強調以「公平貿易」（fair trade）代替過去的「自由貿易」（free trade），要求其「普遍優惠關稅」（Generalized System of Preferences, GSP）受惠國，必須開放市場、保護智慧財產權，並保障勞工權益。1985 年後，美國更經常以其貿易法第 301 條款（Section 301 of the Trade Act of 1974）的報復和優惠關稅的取消為威脅，要求臺灣開放商品市場與銀行、保

險、運輸等投資機會，且要求工具機與紡織品的自動設限、新臺幣升值，及解除外匯管制等。美國利用臺灣對其經濟的高度依賴，透過雙邊談判，對臺灣提出各種要求，直接導致臺灣經濟結構與秩序的紊亂。其次，國內民間各部門更在這些政經危機下，要求政府將公營企業移轉民營，並制訂公平交易法等，以剷除經濟特權，並進行經濟自由化和國際化。

總之，自 1980 年代初以來，國內威權體制轉型所展現政治民主化、經濟自由化和社會運動的發展，已徹底改變政府和民間的關係及政府的合理運作方向。威權的黨國體制已崩解，政府不能再像過去一樣地限制人民的基本人權和參政權，也不能不當管制和操控經濟活動與市場機能，更不能隨意動員和壓制人民團體與社會運動，或任意灌輸和控制意識形態與大眾媒體。面對內外更多的政經挑戰與壓力，政府必須具備更有創意、更有效率的方式，調整文官系統與文官體制。

因此，威權體制下的人事任用多軌化現象已大致上被取消，只剩退除役軍人轉任公務人員，但對於這些由軍職轉任文官者，卻也給予越來越多的限制，如，僅能任職於國防部、國家安全會議、國家安全局、國軍退除役官兵輔導委員會、海岸巡防署及所屬機關、中央及直轄市政府役政、軍訓單位任用，及其相互轉調（李震洲，2019：85-108）。

其次，在文官系統政治化方面，由於政治反對勢力興起，及應考人權利意識抬頭等因素，華僑加分、退除役軍人

加分、分區定額擇優錄取制、國父遺教或三民主義列為考科等，都先後被取消（李震洲，1995：277-293）；而專門從事忠誠考核的「人二室」，也被改為以公務人員風紀管理為重點的「政風室」；而被認為專為權貴子弟進行黑官漂白的「甲等特考」也被廢除，改為高考中具博士學位者參與的「高考一級考試」（李震洲，1995：426-431），只是其規定通過考試者即取得簡任十職等的職位，仍隱藏很多的爭議。

另外，在人事行政一元化方面，中央對於地方人事主管的任用、升遷、考核等的控制，仍不斷的存在各種抱怨；不過衡平而論，在地方政治民主化、自治化及地方派系普遍嚴重的情況下，人事行政一元化仍有其重要的防弊、防腐功能，尤其是人事行政一元化政策，加上「特別權力關係」的作用，對於整個文官體系的凝聚力仍是大有助益，所以前面所提 17 種社會運動中，都沒有出現公務人員的團體。相對而言，比較麻煩的，仍然是存在於行政權最高人事行政主管部門「人事行政總處」和「考試院」之間的職權劃分。

此外，在文官體制戰時化方面，行政院的組織改造仍未順利完成，而在一般人事行政運作上，也未完全理順；其中，特別是有關簡薦委制、資位制，及職位分類制等，在歷史性的發展與整併過程中所遺留多元體制並立與多元管理的問題最稱棘手（許道然和林文燦，2019：19-44），以致於仍影響部分的官等、職等與待遇上的問題與爭議，例如，適

用資位制的鐵路局，因其初任者的職務與敘薪點的偏低，導致偏高的人力流動性；另外，又如一般專業加給的訂定，包括其標準與高低，亦成一個諱莫如深的問題。然而，整體而言，最稱關鍵的，仍屬「特別權力關係」的調整問題。「特別權力關係」是戰時體制的產物，也是威權體制的特色；換言之，它是因應特定的政經結構才得以出現，並繼續存在數十年。但是，隨著這些特定政經結構的崩解及轉型，它顯然也必須轉型，或進行必要的調整；問題是，將由誰來進行調整，而且要如何調整？

自 1970 年代以來，臺灣的威權體制即逐漸面臨內外交迫的政經衝擊與挑戰，政府的公權力、公能力與公信力，亦在這些衝擊與挑戰之下，略見式微和沒落；在 1987 年解除戒嚴之前，雖然大規模的社會運動還沒出現，但是政治反對運動和人民的自力救濟，尤其在環保方面，卻早已是蔚為風潮。因此，在五院體制下，當相關的行政院、立法院和考試院都沒有妥適的解決辦法之時，人民對於「特別權力關係」的桎梏，大概在司法院與監察院之間，也只能求助於司法院，而提請大法官會議的釋憲。

1984 年 5 月 18 日，司法院大法官釋字第 187 號，對於公務人員請領退休金卻未發服務年資或未領退休金證明，得提起訴願或行政訴訟之解釋；這雖是非常猥瑣的一件小事，卻引來朝野各界如雷的喝采，因為它已突破「特別權力關係」長期所宣稱的「文官不能爭訟」原則。緊接著，1986 年

1 月 3 日，司法院大法官釋字第 201 號解釋，及 1989 年 7 月
19 日，司法院大法官釋字第 243 號解釋，分別對於退休金爭
議，及公務員受免職或記過處分，認為公務員得行使訴願及
訴訟之權。公務人員的權利保障，顯然有逐步提升的趨勢。
更重要的是，考試院根據司法院大法官釋字第 187 號，開始
研擬《公務人員保障法》草案，並於 1996 年 10 月 16 日制
定公布。

　　1996 年 2 月 2 日，司法院大法官釋字第 395 號解釋，
將「特別權力關係」明文改為「公法上職務關係」；同日的
司法院大法官釋字第 396 號解釋，更大幅修正其內涵，導
致 2003 年《公務人員保障法》的大幅修正，從 35 條修正為
104 條。其修正重點包括：(1) 縮小「特別權力關係」的範
圍；(2) 明定涉及公務人員基本權利的限制，需有法律的規
定；(3) 公務人員的權利被侵害，可依法提起行政訴訟。

　　除了司法院大法官釋字上列的諸號解釋外，司法院大
法官釋字第 266、298、312、323、338、433、455、466、
483、491、575、596、618、637 等號的解釋，亦實際上促
成文官體制的變革。此外，在動態的變革當中，很多不合時
宜的人事法規紛紛被修正，例如，《公務員服務法》、《公
務人員任用法》、《公務人員俸給法》、《公務人員考績法》、
《公務人員退休資遣撫卹法》等；相對的，很多新生的法
規，除《公務人員保障法》之外，包括《公務人員協會法》、
《公務人員陞遷法》及《公務人員行政中立法》等，亦已完

成立法，而《政務人員法草案》、《政務人員俸給條例草案》
及《聘任人員人事條例草案》，也繼續在推動之中。整體而
言，跟「特別權力關係」有關而引申的諸多問題，大致上似
乎都已能迎刃而解；但是，真的是如此嗎？臺灣文官體制之
中，因歷史發展過程而累積的多元體制併立及多元管理，其
實已形成諸多的龐雜分歧現象；要如何化解，似乎仍待更多
的努力，否則一個企圖能統合這些人事制度的多軌並行及多
元管理的《公務人員基準法草案》，怎會在 2000 年至 2012
年間已五度進出立法院，但卻仍未能完成立法呢？

全球化下文官系統從專才轉向通才與通才深化

▼

　　全球化潮流的複雜、快速變遷，對於文官系統成員而言，最大的衝擊在於文官系統，基本上是一個依高度專業分工而考選組成，而且依專業分工關係與規範而運作，並同樣依專業分工關係而發展與變遷的體系，以致於對這些非常複雜且快速變遷的全球化潮流，可能根本就看不清楚到底發生什麼事，也就談不上如何因應，或如何妥當的因應。就像一個正常人，當他的左右眼有一眼喪失了視力，那麼他平常所能看到實存而立體的長、寬、高，馬上少了一個維度，而由實存的立體變成平面的，即少了一個長的面向，或少了寬的面向，或少了高的面向，就無法看清整個實際存在的立體圖像；何況全球化潮流通常都是 N 度空間的存在、發展與變遷，因此，太專業化分工的文官，就可能變成單面向的人（one-dimensional-man），而不可能捕捉全球化的複雜與快速變遷，尤其當每個文官的面向又不同時，他們所看到的整體實存，更將是一個不能想像的畫面。

　　臺灣的文官系統，由於歷史發展上的個別差異，其實是混合著多種的體系與制度；其中，以一般行政機關而言，

1912 年建立的是以「人」為中心的簡薦委制，而 1969 年實施的卻是以「事」為中心的職位分類制，直到 1987 年開始實施的職務分類制（又稱官職併立制），才將「人」與「事」兩大人事制度統合。但是除了一般行政機關適用的職務分類制外，其實還有適用於警察人員的「官職分立制」、交通事業人員的「資位職務分立制」、關務人員的「官稱職務分立制」、公營事業人員的「職位分類制」、社教機構專業人員與學術機構研究人員的「聘任制」，及公立醫療機構、政府機關及公立學校擔任醫事職務之醫事人員的「級別職務分立制」（許道然與林文燦，2019：22-23）。其中，除了少數（例如，簡薦委）之外，主軸仍是由以「事」為中心的職位分立制之精神所貫穿，而此制度的精神傳承，卻來自於強調科學管理的專業分工傳統。

在 1911 年，有「科學管理之父」稱號的泰勒（Frederick W. Taylor），出版《*The Principles of Scientific Management*》，首次提到用生產線或裝配線的概念進行科學管理。他的重點在於強調將生產技術斷裂化，甚至碎裂化成個別小部分，然後以不同的生產線或裝配線串聯它們，則可以達到非常有效率的生產；在此同時，工人的情緒、習慣、偏好等個人因素全被排除了，而只重視客觀上、技術上的特質與需要，從中彰顯了客觀、理性的科學管理（Taylor, 1911）。不久之後，福特（Henry Ford）即將此生產模式，直接運用於福特汽車公司的汽車生產線上；他更將技術碎裂到非常細小而且簡單

易學的地步，因而可以招募很多的非技術工人，而大量降低生產成本，如此，一條汽車生產線，從個別零件到整輛汽車成品，可以綿延好幾公里，而且排列了好幾萬工人，每一個工人，依照細分後的專業分工原則，只管一個零件或只做一個動作，但卻可以非常快速的、大量生產、品質穩定，而且價格便宜的產品。福特後來又將之用於非常實用的 T 型車之生產上，而且配合工資的調高，讓自己的工人有能力消費自己生產的汽車；這樣的生產模式，很快就達到「一貫作業、大量生產、大量消費」的模式，而轟動一時，而且因而被稱為「福特主義（Fordism）」，很快就成為各大企業模仿的對象。

「福特主義」的科學化、標準化的分工精神，很快即從科學管理擴散到科學行政。因此，在 1923 年，美國聯邦政府動用了很多專家，全面進行聯邦政府的職位分類；1949 年經過修正，公布「1949 年職位分類法」（許道然與林文燦，2019：22），大事推動講究科學、專業的職位分類制，並積極向接受美援的國家推廣此制度。

職位分類制的基本精神，在於強調每個組織的各種職位，都可以經過科學的分析而呈現其專業化；經過專業分工後的各項職位，都可以透過工作評價，而定出每項職位的價值，再依其工作價值而提供適當的薪資（許道然與林文燦，2019：21-22）。所以，職位和工作、價值，及薪資之間是對稱的，可以進行理性的科學管理，但最重要的核心，就是

強調標準化的專業分工。

「因此，在進行職位分類時，必須先就機關組織的職位進行『職位調查』，再以工作性質、難易程度、責任輕重、所需資格條件等分類標準，將所有的職位進行工作評價，再歸入適當的同等『職級』（classes），訂定職級規範（class-specification），作為以後為事擇人、考選任用的標準。於是，所有工作性質相同的職位就形成一個『職系』（series），每一個職系就代表一種專業，現代政府分工精細，所以實施職位分類後，會歸類很多種職系。由於所有職位所擔負的工作責任大小有別，繁簡難易也有高低之分，因此就會得出不同的等次出來，這種等次就稱為『職等』（grades）。工作愈難愈繁、責任愈重、所需資格條件較高者，所列的職等也較高。高職等的工作和低職等的工作相較，前者的工作價值較大，所以應該給予較高的薪資。而列同一職等的職位，理論上因工作繁簡難易、責任輕重及所需資格條件都相同，所以需支付同數額的薪水，這就是同工同酬」（許道然與林文燦，2019：22）。

1969 年，考試院宣布，在一般行政機關正式實施職位分類制（許道然與林文燦，2019：28）。然而，職位分類制是以「事」為中心，本質上不同於以「人」為中心的簡薦委制；兩制的磨合相當辛苦。例如，職位分類制有 159 個職系，14 個職等，共有 1199 個職級，其密密麻麻的框架，讓原來熟悉於彈性、寬鬆的簡薦委制的文官，幾乎很難呼吸，而導

致各式各樣的問題（許道然與林文燦，2019：29-34）。以致於實施後不久，同樣在 1969 年，「當時的執政黨中國國民黨舉行第 10 次全國代表大會，通過『政治革新要點』，其中第 19 點：『切實檢討職位分類及簡薦委制之利弊，根據事實需要，妥定制度，迅付實施，全面進行人事革新』」（許道然與林文燦，2019：35）；這個要求進行革新的決議，以充分說明兩種制度之間的強烈扞格。1972 年起，銓敘部進行多次有關公務人員人事制度的研究，並 3 次提出於考試院院會審查，開啟了兩制合一的規劃。1982 年，由銓敘部、考選部，及行政院人事行政局會同成立兩制合一研究小組，研議新制建立的各項相關事宜。1987 年元月 16 日，考試院正式宣布開始實施「職務分類制」，並同日廢止簡薦委制和職位分類制（許道然與林文燦，2019：35）。

　　職務分類制的特點，在於採用簡薦委制用人靈活的優點，放寬職務之列等，以便利對「人」的運用；另方面，也擷取職位分類的長處，保留職系的區分，而便利對「事」的管理。其中，特別是「簡併職系、增設職組」的措施，看來更是關鍵：159 個職系在改制時即併成 53 個職系，卻同時依據職系性質，新設 26 個職組（沈菁菁，2020：41）；後來為配合現代社會的專業分工趨勢而經過多次調整，2011 年，又改為 96 職系和 43 職組。職務分類制，很明顯的，還是展現職位分類制的專業分工特性（許道然與林文燦，2019：34-38）。

在複雜快速變遷全球化潮流的衝擊下，2015 年，考試院第 12 屆考試委員經過多次院務會議的討論，非常有共識的強調，要將重視「專才」的文官系統，逐漸改為重視「通才和通才的深化」。其中，導致依「專才」取人和用人的專業分工原則並沒有問題，但是「專業」的內涵，及「分工」的原則，卻須轉向「通才和通才的深化」方向調整；換言之，就是必須進行考選部所主管的考科、類科的調整，及銓敘部所主管的職組與職系的整併。

考科、類科的調整，和職組、職系的整併之間，並不是相互獨立，而是相連相關；過去是以「一職系一類科」為原則，將來可能會鬆綁，但基本上仍跟這個原則不會相差太多。職系仍是專業分工的基礎，但在從「專才」到「通才與通才深化」的過程中，職系顯然是會減少，類科顯然也是會減少；然而，當職組也可能減少的同時，考科卻可能會出現大幅度的改變，因為全球化的大變動可能導致實存環境和專業技能的相應變化。

過去的考選部和銓敘部，尤其是後者，都非常努力於進行相關的改革和調整。例如，銓敘部自 2015 年 2 月 25 日至 2018 年 11 月 22 日之間，曾經提出過 15 個調整方案；其中，最積極的是 2016 年 2 月 25 日的方案，要以 19 職組 41 職系的架構，調整 43 職組 96 職系的結構；這個架構似乎充分反映銓敘部的旺盛企圖心，竟然要併掉一半以上的職組和職系，相對於 2011 年的大事擴張，將職組和職系同時都擴張

了 7 至 8 成，真是不可同日而語。當然，後來經過和學界、用人機關反覆的研討，且經考試院院會多次的討論，最後在 2018 年 11 月 22 日定案於 25 職組 57 職系的架構上，而且自 2020 年 1 月 16 日開始實施。

　　原來的 43 職組（15 個行政類、28 個技術類）96 職系（45 個行政類、51 個技術類），經過整併後變成 25 職組（9 個行政類、16 個技術類）57 職系（25 個行政類、32 個技術類）；其整併幅度略高於 4 成，應該也算不小，而行政類與技術類之間，不管是職組或職系，看起來也相當平衡，都是縮減四成左右。

　　相對的，考科與類科的調整，尤其是考科，將更為複雜而且耗時；其中，光是在考科調整中，到底要不要刪減考科，或增加考科等，就直接影響教育端的大專院校之課程安排與人事問題，也影響教科書的販賣，及諸多重考生的準備工作，所以各種投書滿天飛。然而，為了因應新訂職組職系的定期實施，考試院只能權宜性的，將高考三級由 122 個類科修正為 113 個類科，刪除宗教行政、技職教育行政、消費者保護、公產管理、醫務管理、企業管理、海洋資源、生物多樣性及商品檢驗等 9 類科。為了達到「通才與通才深化」的目標，考科、類科，及職組與職系的調整，顯然都必須繼續努力。相對的，在考選部和銓敘部都已針對考科、類科，及職組與職系進行調整後，公務人員保障暨培訓委員會（簡稱保訓會）也可能必須補強其相關訓練課程的內容，或增加

其再訓練的規劃。尤其，在全球化潮流的衝擊下，中央政府的最重要角色，被認為是領航而不是划槳，故保訓會的文官培訓，特別是涉及高階文官部分，也須強化讓他們更能幫助政務官們領航的能力。

另方面，全球化其實有兩個層面，其一是全球在地化，另一個是在地全球化。前面所談人流、物流等複雜而快速變遷的衝擊，主要涉及全球在地化；一般而言，這是一個從核心國家到半邊陲國家、邊陲國家的過程，例如，麥當勞和肯德基到日本、到臺灣，繼而到東南亞國家的過程，但相對的，在地全球化是一個反其道而行的過程，是一個由邊陲國家到核心國家的過程，例如，東南亞國家的文化創意產業，或文化古蹟的觀光發展等，都可能希望對外推廣，而變成全球化中的一環。一般而言，全球化年代特別突顯且衝擊到各種行為者的個別差異性，故無論是個人、組織或團體，甚至是民族或國家，其主體意識都普遍的在強化之中，更因而也強化在地全球化的發展與重要性。

就此而言，臺灣必須強化對各種層次行為者之主體性的重視，尤其更須以共同體的形式，強化共同體的整體性和主體性，才能有助於提升國家競爭力，並追求永續發展。因此，在聯合國的《公民與政治權利國際公約》、《經濟社會文化權利國際公約》，及《身心障礙者權利公約》的影響下，考試院特別強調要照顧弱勢者人權、追求性別平等，而且關照身心障礙者、原住民族與新住民的考試權，及城鄉、

貧富和世代之間的差距；這些關心與關照，都分別表現在過去各種考銓法規的制定與修正上，也見於考選部、銓敘部，及保訓會各種政策、制度的推動中。其中，最典型的例子，包括：(1) 過去 2~3 年間不定期舉辦的身心障礙者特考，自 2003 年後，改成每年舉辦；(2) 過去 1~3 年間不定期舉辦的原住民族特考，也是自 2003 年後，每年舉辦；(3) 在各類考試中，性別設限大幅取消，以致於女性公務人員人數逐年成長，甚至高過男性；(4) 體格檢查標準刪除或放寬。整體而言，公務人員中，女性、身心障礙者及原住民族，均呈現緩步增加趨勢，並和其所占社會人口結構中的比例，逐漸呈現出對等關係。雖然被錄取者未必都是社會中的第一流人才，也和功績制精神略有出入，但是基於男女平權、照顧弱勢者，及族群和諧等全球化下的人權理念，這些制度仍然是應該繼續推動的（李震洲，2019：311-321）。

第 11 章

Political Economy
of Taiwan

亞太地區的
海陸爭霸

導論

　　從地緣政治的角度看，要談「海陸爭霸」的議題，那必然是一個全球性的格局，但在亞太地區，海陸爭霸其實也早已是一種明顯的形勢，甚至針對臺灣而言，亦早就深受此形勢的影響。在《*Formosa Betrayed*》一書中，柯爾（George H. Kerr, 1911-1992）曾說，「由於地處海洋世界（a maritime world），但總受到附近大陸（continent）的影響，臺灣曾經多次成為國際紛爭的焦點；兩股勢力的邊界（frontiers）在此相會而且重疊……從當代大陸觀點（a contemporary continental point of view）看，臺灣代表廣泛複雜的大陸（continental）利益，也是中國利益伸向海洋世界（the maritime world）時的最東端點；而從大洋觀點（an oceanic point of view）看，此島代表西太平洋邊緣的最西端點，而包括日本、琉球、菲律賓等所構成的海洋邊界（maritime frontier），則是一個依海洋而貿易，並決定其國際政治的世界」（Kerr，1965：1）。

　　柯爾所指出的海洋世界和大陸世界（the continental world），及因而產生的大洋觀點和大陸觀點，更明白地說，海洋世界代表的就是太平洋，而大陸世界代表的是整個的歐

亞大陸（Eurasia）；這是過去列強從事世界性霸權爭奪中所謂海權論和陸權論的遺緒。有趣的是，若說臺灣地處東亞海洋世界和大陸世界兩個勢力邊界相會而且重疊之處，以致於會碰上大洋觀點和大陸觀點對於臺灣的角色及利益定位上的差異或衝突矛盾，這對於整個東亞或整個亞太地區而言，其實也是實際存在的現實；而更有趣的是，整個東亞或亞太地區的海陸爭霸形勢，跟全球海陸爭霸的形勢根本是相連的，甚至可以說，這一波的全球海陸爭霸，是由東亞及亞太地區的海陸爭霸所引爆，及擴大而形成的。

　　例如，何謂「亞太地區」，這在亞太經濟合作會議的發展史上，即曾先後出現大陸觀點和大洋觀點的「亞太地區」，比如說，1989 年在澳洲召開的亞太經濟合作會議稱為 Asian Pacific Economic Cooperation Conference，但 1990 年在新加坡，該會議就改稱 Asia-Pacific Economic Cooperation Conference，之後就一直維持這樣的名稱；前者的「亞太地區（Asian Pacific）」就是指包括「亞洲的太平洋」，這顯然是一種大陸觀點，而後者的「亞太地區（Asia-Pacific）」，指的卻是「亞洲加太平洋」，又變成是一種大洋觀點。當然，會議的名稱是改了，但是，參加會議成員們的腦袋卻仍然是沒有什麼改變，以致於在 APEC 的發展史上，就不斷出現大洋觀點和大陸觀點之間的「海陸爭霸」痕跡。

　　因此，為了鋪陳臺灣的外在國際政經變遷，本章第二節將介紹馬漢（Alfred T. Mahan, 1840-1914）的海權論及麥金

德（Sir Halford J. Mackinder, 1861-1947）的陸權論，第三
節將略論二次戰後至 1990 年代前，亞太地區的海陸爭霸，
第四節將探討 1990 年代後，美中以「和平演變」為代表和
以「反和平演變」及「和平崛起」為代表的海陸爭霸，而第
五節則將討論新版的中美之間的海陸爭霸，即分別以中國的
「一帶一路倡議」為代表，及美國的「印太戰略」為代表的
爭霸之戰。

馬漢的海權論與
麥金德的陸權論

▼

◉ 馬漢的「海權論」

馬漢是世界海軍史的權威，也是海權論的戰略家，更是促成美國以海權擴張而稱霸世界的關鍵人物。他在 1890 年出版《The Influence of Sea Power upon History, 1660-1783》（Mahan, 1890）一書，1892 年又出版《*The Influence of Sea Power upon the French Revolution and Empire, 1793-1812*》（Mahan, 1894）。在 1886-89 年間，馬漢擔任美國海軍大學校長；1899 年第一次海牙和平會議時，他以美國代表團顧問及美國海軍作戰委員會委員身分出席，堅決反對裁軍；1892-93 年間，馬漢再任美國海軍大學校長，積極培養美國海權擴張的後備軍。

馬漢的兩本巨著都是以英法兩國的戰史為重點，但雖以英國歷史為內容，其真正的理想卻是在形塑美國的海權擴張；他甚至主張美國要發展能替代英國的海權霸主。他強調，以貿易立國者必須控制海洋，而稱霸海洋者必稱霸世界；海權霸主必須具備地理位置、自然結構、廣大國土、人

口、國民素質,及民主的政府等六條件。這完全是為了 1890
年已達到壟斷資本的資本主義發展階段,而急於對外擴張的
美國量身訂做;其次,他也鼓吹 1898 年的美西戰爭,及加
勒比海地區的整併與巴拿馬運河的開通,而先行紮實整頓美
國的腳跟天下。

因此,根據海權論,美國先開始對加勒比海的擴張,然
後積極推動太平洋西進戰略。「美國於一八九八年合併夏威
夷,接著策動古巴獨立,得到古巴東側的關達那木港做為海
軍基地,並且併下波多黎各而控制加勒比海。此後美國得以
全力西進,取中途島、威克島、關島、菲律賓,徹底掌握橫
亙太平洋的海上航權。一九○三年美國唆使巴拿馬脫離哥倫
比亞獨立,取得巴拿馬運河區;一九一四年巴拿馬運河開鑿
完竣之後,美國東西兩岸可經由海上航運而聯繫,更鞏固其
海上霸權的地位」(許介鱗、李文志和蕭全政,1991:6)。
二次大戰之後,美國更透過美蘇所領導的東方陣營與西方陣
營的對抗,正式取代英國而形塑了「美國統治下和平年代
(the Pax Americana)」;它控制了太平洋、大西洋及全球
27 條重要海峽,更是徹底體現了馬漢的海權論,尤其 1991
年蘇聯解體之後,美國更促成全球獨霸的「一超多強」局面。

◉ 麥金德的「心臟地帶論」

麥金德是英國的地理學者;在一個仍屬「英國統治下和

平年代（the Pax Britannica）」的英國學者，竟然會提出陸
權論，這是一個非常有趣的問題。

　　麥金德基本上強調，人類歷史就是海權與陸權的鬥爭
史。然而，英國所代表的世界海權已逐漸衰退；相對的，由
於工業的發展及交通上鐵公路的發達與資源的豐富，陸權國
家的潛力紛紛受到歐陸各國的重視，並出現激烈的競爭，尤
其是法國、德國和俄國。因此，他之所以特別重視陸權論，
即在提醒民主的海權國家，尤其是美國和英國注意這種趨勢
的發展。

　　1904 年，麥金德在英國皇家地理學會發表〈The Geogr-
aphical Pivot of History〉一文；在強調人類歷史即是海權與
陸權的鬥爭史之前提下，他的重點，即在結合歷史的變遷與
地理的發展，而突顯陸權與海權的最重要地理分布。他將全
球陸權與海權區域的分布分成三塊，首先，也是最重要的區
域，即完全屬陸權的「樞紐區域（pivot area）」；其次，
是部分陸權部分海權的「內層或邊緣的新月地帶（inner or
marginal crescent）」；最後，則是完全屬海權的「外層或
海島的新月地帶（outer or insular crescent）」（Mackinder,
1904：435；Mackinder, 2004：312）。他雖然沒有明說被他
指為「心臟地帶（heartland）」的「樞紐區域」之確切範圍，
但卻顯然是以「歐亞大陸（Euro-Asia）」為主體。

　　1918 年，在慘烈的第一次世界大戰之後，麥金德重
新檢討他的理論而出版《*Democratic Ideals and Reality*：

A Study in the Politics of Reconstruction》（Mackinder, 1942）一書。他重新清楚界定了過去的「樞紐區域」，而代之以歐洲、亞洲、非洲三者合一的「世界島（World-Island）」；他同時強調，這三者所組合而成的「大陸世界（the Continent）」，就像是說，由大西洋、太平洋及印度洋所組合而成的「大洋世界（the Ocean）」一般（Mackinder, 1942：45）。這塊「大陸世界」（即世界島）的北部與中間部分（the north and center of the continent），大約是東歐與亞洲內陸，又可稱為「大陸世界的心臟地帶」（the Heartland of the Continent），是海洋世界的船艦所不能到達之地，更可以是「大陸世界」的戰略中心（Mackinder, 1942：55）；其中，東歐又比亞洲內陸重要。雖然馬漢認為，「任何國家不可能同時兼為大海軍國和大陸軍國」（許介鱗、李文志和蕭全政，1991：5），但麥金德認為是可能的，只要它的經濟夠發達而且具有優勢的地理條件；例如，處於「心臟地帶」的陸權國家，即可能運用飛機等現代裝備，不但橫掃「心臟地帶」及「世界島」，進而可以封鎖海權國家的海路、運河等，而征服世界（Mackinder, 1942：80），因此，他強調，「掌握東歐者可以稱雄心臟地帶，進一步控制世界島，最後稱霸世界」（許介鱗、李文志和蕭全政，1991：7；Mackinder, 1942）。

在第一次世界大戰之後，全球霸主的英國深受重創，「英國統治下和平年代（the Pax Britannica）」亦深受斲傷；

麥金德因而更呼籲美英等民主國家，須更重視陸權的德、俄
之發展，防止它們稱霸世界，才能確保民主政治的理想。
結果，德國真的併了波蘭、捷克，並引發第二次世界大戰；
二次世界大戰之後，蘇聯也走上爭霸之路，而連結歐亞大陸
（Eurasia）的所有社會主義國家，導致冷戰時代的東西對
抗。習近平上台之後，2013 年 9 月到 10 月間，中國提出「一
帶一路倡議」；其涉及的地理範圍，不但涵蓋整個歐亞大
陸，更擴及非洲，而和麥金德的「世界島」完全吻合。中國
的「一帶一路倡議」，似乎已展現其代表陸權國家稱霸世界
的企圖。

1990 年代前亞太地區的海陸爭霸

▼

　　從實存的角度看，亞太地區正處於海權論者和陸權論者所謂歐亞大陸和太平洋界面相會、交疊之處，故其歷史上的海陸爭霸事跡，早在馬漢的海權論，或麥金德的陸權論之前就已發生。1840 年鴉片戰爭爆發，英國趁勢於 1841 年占領香港，並於 1843 年 4 月由英王任命第一任總督樸鼎查（Henry Pottinger）開始，就出現了海陸爭霸的現象。英國對香港的佔領，不是為了殖民，而是為了面對中國，故因而強調外交、商業及軍事目的，因此，在早期，「港督兼任英國在華貿易總監和特命全權大使，而且統率駐港英軍」（蕭全政，1995：264-265）。

　　二次大戰之後，中華民國政府於 1949 年 12 月撤守臺灣；當時的美國似乎警覺到麥金德要防範蘇聯坐大的提醒，以致於還想切斷中蘇之間的結盟，而設法要發展和中國之間的正式外交關係，故於 1950 年 1 月發表「中美外交白皮書」（The China White Paper, originally United States Relations with China： With Special Reference to the Period 1944-1949），而將在中國大陸的失敗完全歸咎於國民黨的腐敗，

並採取「棄臺論」，而將「1948 年援華法（China Aid Act of 1948）」所授權的經濟援助數額完全凍結。

　　1950 年 6 月，韓戰爆發；美國改變立場，杜魯門總統宣布第七艦隊巡航臺海，維持臺海的中立化。美國的對臺軍經援助立即到來；接著，臺灣仍以中華民國的名義維持聯合國的席次，而且是五大常任理事國之一。在冷戰時代，臺灣事實上就是代表西方陣營圍堵東方陣營的一環。

　　1970 年代初，在國務卿季辛吉的祕密外交和總統尼克森的操弄下，美國改變其中國政策而「聯中抗蘇」。1971 年中國加入聯合國，1972 年尼克森訪中，更強化中美之間的關係。1975 年，周恩來提出包括農業、工業、國防和科技的四個現代化構想，美國相當支持。1978 年 12 月 15 日，中美同時宣布將於次年 1 月 1 日正式建交；這個時間正是中共舉行十一屆三中全會，並要正式宣布鄧小平的經濟改革政策前夕。1979 年元月 28 日，鄧小平訪美，引起「鄧小平旋風」及瘋狂的「中國熱」；美國全力支持鄧小平的經濟改革，尤其 1979 年 12 月 27 日蘇聯入侵阿富汗，更強化中美之間堅實合作的基礎。

　　在經濟改革政策的推動上，中國在 1980 年先後設立深圳（其實 1979 年底已先行設立）、珠海、汕頭、廈門等四個經濟特區，1982 年設立沿海 14 城市，1984 年開放長江、珠江及廈漳泉三個三角洲，1988 年開放山東、遼東兩半島，並在海南設省，且成立第五個經濟特區。鄧小平的經濟改

革，雖有不少波折，但仍算非常成功，因為它每年都以平均 10% 左右的成長率在擴張。但是，1989 年天安門事件的爆發，卻導致包括美日兩國的經濟制裁，而改變了海陸之間的關係。

1990 年代後美中之間的和平演變和反和平演變與和平崛起

▼

◉ 和平演變與反和平演變

　　1989 年 6 月 4 日，天安門事件爆發；美、日都認為，對中國經濟改革的強烈支持，除帶來每年平均 10% 左右的經濟成長率外，並沒有改變中國政府殘暴的本質，故宣布對中國採取經濟禁運的制裁。1990 年，出現「中國威脅論」；1991 年，美日更積極推動對中國的「和平演變論」，其完整構想後來出現在美國國務卿貝克（James Baker, II）登在《*Foreign Affairs*》的政策性論文中（Baker, 1991）。

　　貝克的論文題目是「美國在亞洲：構建一個太平洋共同體的結構框架（America in Asia：Emerging Architecture for a Pacific Community）」。此框架是由三個基石，即強調推動政治民主化、經濟自由化，及以雙邊主義為基礎的安全防衛體系所構成；其中，該安全防衛體系，將包括美國分別跟日本、南韓、菲律賓、泰國、澳洲等所簽屬的雙邊軍事防衛條約，每一個條約就像一根扇骨（spoke），而美國就握住這五根扇骨的底部，形成一把張開的「扇形佈局」（fan-

spread）。加上後來又與美國簽約而願提供後勤和港灣設施
支援的新加坡、馬來西亞、汶萊，這個「扇形佈局」其實已
經對周邊的社會主義國家，特別是中國，構成一種新的圍堵
態勢。

　　針對美日的「中國威脅論」與「和平演變論」，加上蘇
聯的解體與冷戰的終結，鄧小平於 1992 年 2 月二次南巡，
而且提出堪稱是「反和平演變」的更大力度改革開放政策；
這些改革政策，都在當年 10 月中共召開的十四大全會中議
決且宣布。鄧小平的改革政策，基本上，強調在「一個中
心、兩個基本點」的原則下，建設具有中國特色的社會主
義。「一個中心」強調的是以經濟建設為中心；「兩個基本
點」則是強調「改革開放」和遵循包括馬列毛主義、社會主
義、人民民主專政、共產黨領導等原則的「四大堅持」。

　　江澤民在十四大全會的政治報告中強調，四大堅持是
「立國之本」，也是確立中國特色社會主義的關鍵；「立國
之本」確立了，就可以用改革加大開放，而且用開放觸動改
革。如此，中國就可以在具有中國特色社會主義的主體下改
革開放，並在經濟建設的不斷發展下達到「反和平演變」的
目的。

　　因此，為了擴大開放，中國推動四沿政策，即在最早的
沿海開放之外，加上沿長江的開發、沿邊境城市的開發，及
在 1993 年以連雲港為出海口的歐亞第二大陸橋通車後的沿
線開發。後來，「沿海、沿江、沿邊、沿線」的四沿政策，

又整合而成「弓型」發展戰略，即以沿海為弓，沿邊為弦，沿江及沿線為箭，而射向太平洋；其目的，在讓傳統上是屬大陸國家的中國，可以變成海洋國家。另方面，隨著冷戰的終結及美、蘇分別從東南亞撤出駐軍，中國在 1992 年初即公布其「領海與毗鄰區法」，而將深具爭議的南海各群島與島礁，及臺灣與釣魚臺群島等，都劃入其領海範圍；其次，也希望在 2010 年，其防衛能力能從近海往東推出 2000 公里，而成具有深海防衛能力的海洋國家。

　　1993 年 11 月，中共十四大三中前夕，國家計畫委員會提出「三個三角」戰略。透過大、中、小三個三角，中國希望能掌握小三角、爭取中三角，以便與大三角周旋；其中，小三角即涉及中國與港澳、臺的統一，中三角涉及中國對東協國家和亞洲四小龍的拉攏，而大三角則涉及中國與美、日之間的爭鬥（李文志，1997：251-252）。很明顯的，三個三角戰略，完全是在配合以海洋勢力和大陸勢力交會、重疊地帶為重點的反和平演變。

　　1995 年 6 月，李登輝訪美並在母校康乃爾大學演講，中國強烈反彈，導致第一次的臺海飛彈危機；次年 3 月，李登輝參與臺灣的總統大選，又促成第二次臺海飛彈危機。中國的動機，除了威嚇李登輝所帶動臺灣主體性的發展外，也在測試美國對於臺灣的關心及投入程度，更在測試其東向跨越臺海的可能性；結果卻是逼使日本重新走上武裝之路，而且強化美日的軍事同盟。兩次飛彈危機之後，中國轉往南向

和西向，開始積極推動與東協國家之間的睦鄰外交，並突破三個三角戰略的格局，而強化與中亞各國及俄羅斯之間的安全合作關係。

1995 年，中國成為東協的對話夥伴；1996 年，又與俄羅斯、哈薩克、吉爾吉斯和塔吉克，成立「上海五國會議」。1997 年 7 月，東亞金融危機爆發，中國捐助 10 億美元，參與 IMF 對於泰國的貸款；12 月，又承諾人民幣不貶值，而且提供 40~60 億美元，參與 IMF 的紓困計畫。東亞金融危機提升中國的國際威望，但也讓它了解不能全賴世界市場來支撐其發展；1999 年 12 月，中國推出西部大開發計畫，及後來東北老工業區的整治。

2000 年 10 月，朱鎔基表示願與東協國家簽署自由貿易協定；2002 年 11 月，雙方簽署「東協與中國全面經濟合作架構協定（Framework Agreement on Comprehensive Economic Cooperation between ASEAN and China）」，規定在 2010 年由中國與新加坡、馬來西亞、泰國、印尼、菲律賓、汶萊等六國，先行成立 FTA，而其他四國（越南、寮國、柬埔寨、緬甸），則在 2015 年加入。同樣在 2002 年，中國也分別和相關東協國家簽署「南海各方行為宣言」（Declaration on the Conduct of Parties in the South China Sea）。

另方面，2001 年 2 月，中國號召東亞與紐澳地區的產、官、學界，組成「博鰲亞洲論壇」；6 月，「上海五國會議」在強化多元合作內容之後，加上烏茲別克的參與，改稱「上

海合作組織」；2001 年年底，中國加入 WTO。中國的「江朱體制」，在超越三個三角戰略格局之後，似乎不僅確立它的區域霸權地位，也在跨越地域的經貿與安全組織上嶄露頭角，而帶來再次的「中國威脅論」；但與上次因坦克輾軋學生而激發的「中國威脅論」不同的是，這次卻是經改之後每年平均 10% 左右的經濟成長率，及其在整個歐亞大陸的政治、經濟和安全上的不斷擴張。2002 年 11 月，中共十六大之後，「胡溫體制」形成；為化解「中國威脅論」，「中國和平崛起論」即應運而生。

◉ 中國和平崛起論

2003 年 11 月 3 日，中共中央黨校前副校長鄭必堅在「博鰲亞洲論壇」，針對「中國和平崛起」進行專題演講。為何安排鄭必堅演講？因為他曾在 2002 年年底訪美，深切體會一些美國政要和學者，包括季辛吉、布里辛斯基（Z. K. Brzezinski）及國家安全顧問萊斯（Susan Rice）等人，對於中國威脅論的不安，以致於在回國的報告中提出相關的建議（蕭全政，2004：2），致使胡錦濤邀他代為草擬「中國和平崛起論」。

在演講中，鄭必堅強調，「這是二十五年來，中國實行改革開放後所開創的一條適合中國國情，又適合時代特徵的戰略道路。這條道路的基本特質，包括：一、同經濟全球

化相關聯而不是相脫離；其次，在積極參與經濟全球化的同時，走獨立自主的發展道路；三、這是一條奮力崛起而又堅持和平、堅持不爭霸的道路」。另外，他又強調，圍繞這條道路的，「還包括三個最重要的戰略方針：一是推進以社會主義市場經濟和社會主義民主政治為基本內涵的經濟和政治體制改革，以形成實現和平崛起的制度保證；二是借鑒吸收人類文明成果而又堅持弘揚中華文明，以形成實現和平崛起的精神支柱；三是統籌兼顧各種利益關係，包括統籌城鄉發展、統籌區域發展、統籌經濟社會發展、統籌人與自然和諧發展、統籌國內發展和改革開放，以形成實現和平崛起的社會環境」（蕭全政，2004：3；鄭必堅，2003）。

從戰略環境與戰略目標的角度看，冷戰終結後的「一超多強」結構，及全球化與區域政經勢力之間的競逐，一直是中國非常關心的現象；在中國看來，這種「一超多強」，其實就是「美國稱霸大國反霸」的結構與過程（閻學通，2000：3-31），而全球化與區域主義之間的爭鬥，亦基本上反映這種「一超多強」的特色；亞太地區的海陸爭霸，及APEC所呈現亞太主義和亞洲主義之間的競逐，亦反映這種「稱霸與反霸」的特性。因此，為了「反霸」，「在全球層次，中共講究大國外交、聯合南方國家，並利用各種國際組織（尤其是聯合國和WTO），而參與國際政經運作與競賽規則的制定，以制衡『一超』的擴張和全球主義的發展，並強調多極化的趨勢；而在亞太層次，中共亦強調睦鄰政策與

亞洲主義的擴張，以牽制美國霸權和亞太主義的發展。中共自己宣稱，這都是針對美國的『稱霸』，而進行的『反霸』；但是，『反霸』與『爭霸』，到底又有何差異呢」（蕭全政，2004：20-21）？

甘迺迪（Paul M. Kennedy 在 1987 年出版《世界強權的興衰》（*The Rise and Fall of the Great Powers*）一書，以經濟、軍事和意識形態三個層面，分析 1500 至 2000 年間，世界強權的條件與興衰過程；其中，經濟其實遠比軍事還重要，因為它是軍事的基礎與力量的根源。另外，他也提到，世界「經濟力量的重心」，自 16 世紀之後，即已從地中海轉向大西洋和西北歐；而且在 20 世紀初之後，又轉向太平洋，包括東岸的美國，及 1960 年代後西岸的日本與亞洲四小龍等太平洋邊緣地區（Kennedy, 1987：xxii, 441-442）。儘管甘迺迪在成書之際仍對中國評價不高，但他對經濟的強調及經濟重心的轉移論述，卻似乎特別引起中國及其戰略學界的重視。尤其在 1990 年代初之後，相對於大西洋邊緣的蘇聯解體和西歐的長期蕭條，中國的長期穩定高速成長，的確使其戰略學界更相信「21 世紀是太平洋世紀」，而且在日本長期經濟泡沫化之下，也只有中國才能讓亞洲的太平洋地區變成新的世界文明中心，因為中國擁有全球五分之一人口，是世界上最大的社會主義國家、第三軍事大國，而且是東方文化的哲學基礎之儒學的發祥地（閻學通，1996：328-330）。尤其，至 2002 年，根據 IMF 統計，中國的 GDP 若

按美元計算,已超越法國,名列世界第五,僅次於美國、日本、德國和英國;相對的,若按購買平價計算,中國已名列第二,而僅次於美國。就此而論,中國的「反霸」,其實顯然也有「成為新的世界文明中心」的「爭霸」意義(蕭全政,2004:21)。

衡平而論,「胡溫體制」的「中國和平崛起論」,基本上仍是承襲鄧小平的路線,旨在積極建設具中國特色社會主義的市場經濟與民主政治,而且強化以中華文明為主軸的改革精神,並統籌整個發展所涉各方利益的社會發展;其次,他們也遵循鄧小平「韜光養晦」的叮嚀,而在 2004 年將「和平崛起」改稱「和平發展」,而且聲稱對內是要體現「和諧社會」,對外則是追求「和諧世界」。所以,整體而言,「胡溫體制」仍在加強國家的整體衡平發展,以待可以爭霸、稱霸的時機。

2007 年,美國的房利美與房地美次貸危機爆發;2008年,金融海嘯引爆,也導致全球性的金融大災難;2010 年,甚至引爆歐盟以 PIIGS 五國(葡萄牙、愛爾蘭、義大利、希臘、西班牙)為代表的歐洲債務危機。相對而言,強調和平崛起的中國,仍在經濟和軍事上的國力,不斷的在擴張,尤其是表現在 GDP 的成長上。根據世界銀行的統計資料,如表 5 顯示,中國的 GDP 在 1995 年超過加拿大,2000 年超過義大利,2005 年超過法國,2006 年超過英國,2007 年超過德國,2010 超過日本,成為世界第二大經濟體;國際上甚

至預估，中國的 GDP（27 兆美元）將在 2030 年超過美國的
GDP（26 兆美元）。

| 表 5 | **中國與 G7 國家 GDP 對照表，1978-2018**

單位：美元

國家 年度	中國	美國	日本	德國	英國	法國	義大利	加拿大
1978	1495 億	2.35 兆	1.01 兆	7404 億	3358 億	5067 億	3150 億	2186 億
1983	2306 億	3.63 兆	1.24 兆	7706 億	4896 億	5598 億	4430 億	3405 億
1988	3123 億	5.23 兆	3.07 兆	1.40 兆	9101 億	1.01 兆	8916 億	5073 億
1993	4447 億	6.85 兆	4.45 兆	2.07 兆	1.06 兆	1.32 兆	1.06 兆	5771 億
1995	7345 億	7.63 兆	5.44 兆	2.58 兆	1.34 兆	1.60 兆	1.17 兆	6040 億
2000	1.21 兆	10.25 兆	4.88 兆	1.94 兆	1.65 兆	1.36 兆	1.14 兆	7422 億
2005	2.28 兆	13.03 兆	4.75 兆	2.84 兆	2.53 兆	2.19 兆	1.85 兆	1.16 兆
2006	2.75 兆	13.81 兆	4.53 兆	2.99 兆	2.71 兆	2.31 兆	1.94 兆	1.31 兆
2007	3.55 兆	14.45 兆	4.51 兆	3.42 兆	3.10 兆	2.65 兆	2.21 兆	1.46 兆
2010	6.08 兆	14.99 兆	5.70 兆	3.39 兆	2.47 兆	2.64 兆	2.13 兆	1.61 兆
2015	11.01 兆	18.21 兆	4.38 兆	3.36 兆	2.92 兆	2.43 兆	1.83 兆	1.55 兆
2018	13.60 兆	20.54 兆	4.97 兆	3.94 兆	2.85 兆	2.77 兆	2.08 兆	1.71 兆

＊資料來源：世界銀行。

　　面對中國相對溫和而卻強勢的崛起，美國國務卿希拉蕊
於 2009 年的東協年會，宣布美國的「重返亞洲」（Pivot to
Asia）；2011 年，歐巴馬總統甚至推出「亞洲再平衡政策」

（Asia-Pacific Rebalancing Strategy）。該政策強調要改變大西洋與太平洋的戰艦佈署各佔 50% 的結構，到 2020 年，將有 60% 戰艦佈署在太平洋地區；另方面，也加強推動「跨太平洋夥伴協定」（Trans-Pacific Partnership Agreement, TPP）的簽署，以平衡中國所主導 RCEP（Regional Comprehensive Economic Partnership Agreement, RCEP）的擴張，而企圖鞏固美國在區域內的政經勢力和政經利益（謝志淵，2018：64）。歐巴馬的再平衡政策，稍微又激化了亞太地區的海陸爭霸局面。

新版的海陸爭霸
──中國的「一帶一路倡議」與 美國的「印太戰略」

　　2012 年 11 月 8 日至 14 日，中共召開十八大全會；18 日，中共召開十八大三中全會，「習李體制」上路。11 月 8 日，胡錦濤在十八大全會的政治報告中，除歸納十年來已提升中國特色社會主義到新階段，並在國內及國際上造就各種輝煌成績外，他又強調，中國是世界上最大發展中國家的地位仍未改變，故面對未來，仍須堅持對內促進「和諧社會」、對外維持「和諧世界」的戰略方針，繼續努力以「奪取中國特色社會主義新勝利」。

　　然而，初接政權的習近平，在 2012 年 11 月 29 日參訪北京國家博物館的《復興之路》展覽時，卻提出「實現中華民族偉大復興，就是中華民族近代以來最偉大的夢想」；2013 年 3 月 7 日，習近平又在十二屆人大一次會議閉幕典禮時宣稱，「實現中華民族偉大復興的『中國夢』，就是要實現國家富強、民族振興、人民幸福」（楊順利，2015：180）。「中國夢」就是強國夢；強國夢，就需要有強軍夢的支持。因此，習近平除了巡視各軍區以提升軍方士氣外，

又不斷擴編國防預算，甚至進行涉及軍事戰略及軍事組織方面的全面性改革，而希望建立一支能從事複雜聯合作戰的武力（陳世民，2019：49-93）。

另外，2013 年 9 月，習近平訪問中亞；7 日，在哈薩克首次提出中國願與中亞各國共建「絲綢之路經濟帶」。2013 年 10 月，習近平訪問東協國家；3 日，在印尼國會發表演說，表示願與東協國家共同建設「21 世紀海上絲綢之路」，也倡議籌建「亞洲基礎設施投資銀行」（Asian Infrastructure Investment Bank, AIIB），支持包括在地的開發中國家開展基礎設施建設。

2015 年 3 月 28 日，中國確立了「一帶一路」的初步完整構想，而發布了《推動共建絲綢之路經濟帶和 21 世紀海上絲綢之路的願景與行動》。根據此文件，「一帶一路」的範圍貫穿歐亞非大陸，一頭是活躍的東亞經濟圈，一頭是發達的歐洲經濟圈，中間則是發展潛力巨大的腹地國家。「絲綢之路經濟帶」的路線分為三條，第一條是中國經中亞、俄羅斯至歐洲（波羅的海）；第二條是中國經中亞、西亞至波斯灣、地中海；第三條是中國至東南亞、南亞、印度洋。「21 世紀海上絲綢之路」的路線，則分為兩條：第一條是從中國沿海港口，經南海到印度洋，延伸到歐洲；第二條則是從中國沿海港口，經南海而到南太平洋（關鍵評論網，2015）。

「一帶一路」沿線所連結的國家有 65 個之多；中國強

調，將以「五通」而強化他們相互之間的合作。此「五通」包括五項策略，即政策溝通、設施聯通、貿易暢通、資金融通、民心相通；這些「五通」措施，從軟體到硬體，從金融、發展到貿易，從政府到民間各個領域，顯然將非常有利於這些國家之間的跨領域整合。這些國家之間，特別是以中國為軸心，其相互多元的交流和合作，將非常有助於以中國為中心的共同體的形成（蔡政修，2019：11-19）。

這「一帶一路倡議」的五條路線與「五通」策略措施，可以說，是其最稱關鍵的骨幹網絡。前面提過，美國在亞太的「扇形佈局」結構，是結合 APEC 的經濟合作、威權政治民主化及由五根扇骨分開卻由美國統一控制的軍事安全條約而形成；同樣的，中國透過五條路線的直向掌控，加上五項策略網絡的橫向連結，而穿透並整合整個歐亞大陸，建構以中國為中心的共同體。這個共同體的未來結構，看起來要比美國所掌控的「扇形佈局」更為密實、嚴謹。

另方面，杭亭頓（Samuel P. Huntington）在其「文明衝突論」（the clash of civilizations）中，強調冷戰終結之後的「當代衝突，不管是團體與團體之間或國家與國家之間，都將依各個文明的文化性斷層線而展開。其次，在以意識形態為特色的階段結束之前，人類社會的主要衝突，其實都發生於西方文明之中，也就是所謂的『西方的內戰』（"Western civil war"）；但是，今後以文明差異為根源的衝突，卻將發生在西方與非西方的文明之間和各種非西方的文明之中。換

言之，在新的時代，非西方文明下的人們與政府，將不再只是消極的歷史標的（object of history）而任西方宰制，還將積極的加入西方世界，共同推動歷史、形塑歷史。在全球大致上可以分成七到八種文明之中，西方文明最應留意的是回教文明與儒家文明，尤其是兩者之間的結合」（Huntington, 1996：169；蕭全政，2004：22）。

杭亭頓對西方文明的警告，卻變成是對中國的啟發，而且具體表現於「一帶一路」的佈局上，特別是跟回教文明的結合，當然也包括其他非西洋文明。在「絲綢之路經濟帶」的三條路線中，第一條路線的經中亞，第二條路線的經中亞、西亞至波斯灣，第三條路線的至東南亞、南亞；很明顯的，都表示是儒家文明在結合回教文明，特別是第二條路線。另外，在「21世紀海上絲綢之路」的路線上，很明顯的，也是為連結「區域全面經濟夥伴關係」（RCEP）中的絕大部分成員國家，如東協各國、澳洲、紐西蘭及印度等，而進行的特殊安排，因為RCEP的16個成員，就是包括東協10國，加上中國、日本、韓國、澳洲、紐西蘭，和印度；另外，比較有趣的是，「21世紀海上絲綢之路」，讓一個典型陸權國家的中國，像超級霸權的美國一樣，可以自由穿梭於太平洋、印度洋和大西洋之間。

「一帶一路」的佈局，顯然給予習近平非常大的自信，因此，在發布「一帶一路」的願景與行動構想的同一天，也就是2015年3月28日當天，習近平在「博鰲亞洲論壇」

的開幕演講中，也強調「一帶一路」旨在「通過邁向亞洲命運共同體，推動建設人類命運共同體」（蔡正修，2019：18）；2017 年 11 月，在中國共產黨與世界政黨高層對話的開幕式上，習近平甚至直接提到，「『一帶一路』倡議的目的，是要實踐人類命運共同體，希望世界和平繁榮發展」（謝志淵，2018：72）。習近平的語氣，顯然帶有世界霸主的口吻。

　　雖然這 65 個國家還不包括任何一個歐洲或亞洲的先進工業化國家，但在「亞洲基礎設施投資銀行」（AIIB）的推動中，習近平積極邀請這些先進工業化國家的參與；其中，德、英、法、義，都表態將適時參與。中國的「一帶一路倡議」，似乎已完全涵蓋歐亞非三個大陸，而且因而與麥金德的「世界島」重疊。從亞洲命運共同體到歐亞命運共同體，再到以「人類命運共同體」為名，而與海權霸主的美國爭勝，很明顯的已經上路。

　　2015 年 5 月 9 日，中國發表《中國製造 2025》（*Made in China 2025*），揭示 10 年內從「製造大國」邁向「製造強國」的行動綱領。在「十三五」規劃中，《中國製造 2025》也是中國推進創新發展的重要戰略方針，而與「一帶一路」的開放發展目標相輔相成，共同具有促進產業結構調整和優化貿易結構的目的。

　　2017 年 5 月 14 日至 15 日，北京舉行首次「一帶一路國際合作高峰論壇」，共有 130 多國和 70 多個國際組織的

代表參與，川普也派人參與，而且表示美國準備參與「一帶一路」項目，並提供最有價值的商品和服務；6月，川普告訴楊潔篪，美國願意和中國在「一帶一路」有關項目上進行合作（韋宗友，2018：63）。

然而，2017年5月，艾利森（Graham T. Allison）出版《命中註定的戰爭：美國和中國能逃過「修昔底德陷阱」嗎？》（*DESTINED FOR WAR*：*CAN AMERICA AND CHINA ESCAPED THE THUCYDIDES TRAP*？）一書；書中特別強調，Thucydides 在 2500 年前出版《陪羅奔尼遜戰爭史》（*The History of the Peloponnesian War*），分析雅典的強勢崛起引起強權斯巴達心中的畏懼，終而引發兩國的戰爭，導致雅典的滅亡。艾利森用此例以引申問到，當前美中之間的霸權競爭，是否註定必然要有一場戰爭？該書又整理了 500 年來 16 組「既存強權 vs. 崛起強權」對抗的案例；其中，有 12 組最後都以戰爭收場，即落入艾利森所創的「修昔底德陷阱」之中。艾利森還特別將其書名的主標題和副標題，就直接以每個字母均大寫的方式呈現，包括一向小寫的介系詞也不例外，這似乎就在嚴重警告中美兩國及全世界（Allison, 2017）。

艾利森的書顯然具有相當立即而且普遍的影響。2017 年 7 月之後，川普政府開始從地緣政治和地緣經濟的角度，重新審視「一帶一路倡議」；美國戰略界也重新評估中國的「一帶一路倡議」，最後的主要結論，包括下列六項：

第一，美國認為，該倡議是中國版的「馬歇爾計畫」（the Marshall Plan），也反映習近平「中國夢」的全球形象，而不僅是市場營銷戰略，也是謀求中國經濟支配地位的藍圖。其中的「五通」策略，構成一個以中國為中心的區域一體化藍圖；這一倡議，不僅是中國對緊迫的內外經濟和戰略挑戰的回應，也是一個致力於未來數十年之內，將中國變成區域內無可爭議主導國家的藍圖，是中國的大戰略。

　　第二，該倡議雖可能為沿線國家帶來發展機遇，但其不透明簽約模式與工程都委由中國包辦的方式，卻可能讓很多國家背上沉重債務，滑入「債務陷阱」（debt trap）之中。第三，美國擔心歐亞大陸心臟地帶出現一個以中國為中心的權力堡壘；而防止在該地區出現一個競爭性的權力中心，一直是美國二戰結束以來不變的國家戰略目標。若該倡議順利實施，歐亞大陸將成為一個諸多威權主義政權盤據的一體化及互聯互通的大陸，其規則和規範反映了中國的價值和利益取向，成為一個在某種程度上不受美國海權影響的大陸堡壘。

　　第四，美國擔心在印太地區會出現美中之間的經貿發展模式之爭。第五，美國擔心中國正在美國主導的金融制度之外，另起爐灶，而重新設立與國際貨幣基金會、世界銀行，及亞洲開發銀行等相互競爭的機構。第六，美國擔心中國的「一帶一路倡議」，在美國與歐亞盟國之間造成裂痕（韋宗友，2018：65-67）。

因此，自 2017 年 10 月，川普政府亦開始逐步推動其
「印太戰略」（Indo-Pacific Strategy）的發展；基本上，它
是在強調以美國、日本、澳大利亞及印度為主軸，強化兩洋
戰略安全網，以圍堵中國的「一帶一路」範圍。其目的，
是要「將西太平洋連結到南亞及中東地區，擴大對中共的戰
略圍堵，強化形成兩洋相連的『印太戰略弧（Indo-Pacific
Strategic Arc）』，並試圖與中東及非洲地區美國盟邦與友
美影響力相聯結，增加抗衡中共的戰略籌碼和地理縱深」
（謝志淵，2018：73）；基於位處敏感的戰略地位，臺灣面
對中國的強烈外交打壓和不斷的對內滲透，另方面，卻也得
到美國的軍售，和「臺灣旅行法」（Taiwan Travel Act）、「國
防授權法」（National Defense Authorization Act）等方面的
待遇改善。

2018 年 3 月，以關稅調整為內容的中美貿易戰開打，
從而在起起落落中逐漸提升到科技戰與貨幣戰；但從地緣政
治和地緣經濟的長期歷史角度看，這根本就是海權霸主和陸
權霸主之間的全球海陸爭霸戰。2020 年 2 月 20 日，美國國
防部副助理部長施燦德（Chad Sbragia）在國會有關「中國
軍力投射和美國的國家利益」之聽證會上表示，「美國必須
藉由研發新型武器、加強和盟邦的關係與提升五角大廈本身
的效率，準備好與中國之間一場可能的軍事衝突。他認為，
台灣、南海、釣魚台列嶼及朝鮮半島，將是美、中爆發一場
直接衝突的主要引爆點……他並強調，當中國有一幅野心勃

勃的軍事藍圖，包括建立更多的海外軍事基地、必要時武統
臺灣，與建立更密切的海外投資、貿易及軍事連結在內時，
一場美中的武裝衝突幾乎勢不可免」（自由時報，2020 年 2
月 20 日，版 A10）。美國國防部副助理部長施燦德，毫無
疑問的，已經將美中全球海陸爭霸的形勢，做了非常簡單卻
明白的實際說明。

　　當然，這個全球海陸爭霸的形勢，對於臺灣未來的發
展，恐怕將比目前國內爭議中的藍綠對抗、統獨之爭等，都
更為關鍵；這是臺灣不得不嚴肅看待、謹慎面對的最重要課
題。

參考文獻

一、中文資料：

內政部，2011，《99 年縣市改制直轄市實錄》。臺北：內政部。

丘昌泰，1997，「重建全民導向的文官體系：『政府改造』運動的啟示」，
　　銓敘部主編，《行政管理論文選輯》，第 11 輯。臺北：銓敘部，頁 1-23。

朱鎮明與朱景鵬，2006，「政府效能對國際競爭力影響評析」，《研考雙月
　　刊》，第 30 卷第 6 期，頁 7-23。

江岷欽，1996，「柯林頓政府行政改革與企業型官僚之理念」，《美國月刊》，
　　第 11 卷第 4 期。

江岷欽，1997a，「企業型政府與工作簡化：美國『全國績效評鑑委員會』成
　　功經驗之啟示」，《經濟情勢暨評論》，第 2 卷第 4 期，頁 61-73。

江岷欽，1997b，「企業型政府的理念與實務」，銓敘部主編，《行政管理論
　　文選輯》。

江岷欽，1998，「企業型政府的理念、實務與省思：柯林頓政府行政革新的
　　啟示」。中國政治學會主辦，中國政治學會八十七年度年會暨學術研討
　　會：民國八十七年元月二十四日。臺北：政大公企中心。

江岷欽與劉坤億，1996，「企業型官僚理念的省思」，《空大行政學報》，
　　第 6 期，頁 123-136。

江岷欽與劉坤億，1999，《企業型政府：理念、實務、省思》。臺北：智勝
　　文化公司。

考選部，1991，《中華民國考選統計》。臺北：考選部。

吳庚，1992，《行政法之理論與實用》。臺北：作者自印，三民書局經銷。

呂育誠，1997，「從新政府運動（Reinventing Government）一書論當前行
　　政革新的問題與展望」，《行政管理論文選輯》，第十一輯，銓敘部主
　　編。臺北：銓敘部，頁 99-129。

呂亞力，1987，《政治學》。臺北：三民書局。

宋餘俠，2006，「政府組織改造推動策略」，《政府審計》，第 27 卷第 1 期，頁 13-20。

李文志，1997，《後冷戰時代美國的亞太戰略》。臺北：憬藝。

李武育等，2013，《考察日本中央省廳組織改革實務及其成果》。李處長武育、蘇科長愛娟、林專員亨然出國考察報告。臺北：行政院研考會。

李順德，2016，「英式午茶未受邀 國發會角色尷尬」，聯合新聞網，2016 年 6 月 19 日上午 3：11。

李碧涵，2001，「知識經濟時代國家競爭力的社會經濟分析」，《國家發展研究》1（1）：27-61。

李震洲，2019，《考選論衡──公職生涯四十年回顧》。臺北：五南圖書公司。

沈菁菁，2020，「職組職系相關法規修正及後續職系適用規範簡介」，《人事行政季刊》，第 210 期，頁 41-48。

林智勝，2014，《行政院組織法修正變革之政經分析，1987-2013》。國立台灣大學政治學系碩士論文。

金恩，2018，《大退潮：全球化的終結與歷史的回歸》，吳煒聲譯自 Steven King, 2017, Grave New World：The End of Globalization, the Return of History. 臺北：寶鼎出版，日月文化公司。

姜渝生，2008，「國土再生・創造未來－國土規劃的新願景藍圖與落實之道」，《中樞紀念國父誕辰暨慶祝中華文化復興節大會專題報告》，2008 年 11 月 12 日。臺北：總統府。

姜渝生，2009，「台灣階段縣市合併 終極三都」，《中國評論月刊》網絡版。

姜渝生，2010，《國土空間發展策略計畫（核定本）》。臺北：行政院經建會。

施建生，1992，《經濟學原理》，第 10 版。臺北：大中國圖書公司。

施燦德（Chad Sbragia），2020，自由時報，2 月 20 日，版 A10。

柯三吉，1996，「企業性政府理論與策略」，《人力發展》，第 33 期，頁 16-18。

洪鎌德，1999，《當代政治經濟學》。臺北：揚智文化。

韋宗友，2018，「戰略焦慮與美國對"一帶一路"倡議的認識及政策變化」，《南洋問題研究》，2019 年第 4 期，頁 62-74。

風傳媒，2017，「呼叫國發會——自廢武功了嗎？」，《風傳媒》，2017 年 2 月 27 日上午 9：01。

國發會，國家發展會議秘書處，1996a，《國家發展會議憲政體制與政黨政治議題總結報告》。臺北：總統府。

國發會，國家發展會議秘書處，1996b，《國家發展會議兩岸關係議題總結報告》。臺北：總統府。

國發會，國家發展會議秘書處，1996c，《國家發展會議經濟發展議題總結報告》。臺北：總統府。

張茂桂，1989，《社會運動與政治轉化》。臺北：張榮發基金會國家政策研究中心。

張漢裕，1957，《重商主義要論》。臺北：作者自印。

張漢裕，1977，《西洋經濟思想史概要》。臺北：作者自印。

許介鱗，2019，增訂三版，《英國史綱》。臺北：三民書局。

許介鱗，李文志和蕭全政，1991，《台灣的亞太戰略》。臺北：張榮發基金會國家政策研究中心。

許道然與林文燦，2019，《考銓制度》。臺北：空中大學。

陳世民，2019，「習近平的戰略轉向與臺海局勢的變遷：2012-2018」，《遠景基金會季刊》，第二十卷第二期，頁 49-93。

陳庚金，1996，「企業性政府之人事行政新策略」，《人事月刊》，第 22 卷，第 6 期，頁 10-16。

黃金益，2006，《通訊傳播監管體制：我國傳播、通信及資訊機關組織與作用法統合之研究》。臺北：黎明文化。

黃俊英，1996，「向企業化政府之路邁進」，中國企業與政府學會主辦，「行政革新與公共部門轉型研討會」專題演講，1996 年 6 月 6 日。臺北：政

大公企中心。

楊順利，2015，「從『韜光養晦』到『中國夢』：以薄富爾『行動戰略』觀點解析中共崛起過程」，翁明賢主編，《論中國夢》。新北：淡江大學出版中心，頁 147-188。

葉俊榮，2004，「彈性精簡的行政組織－行政院組織法修正草案」，《研考雙月刊》，第 28 卷第 6 期，頁 17-29。

詹中原，1998，「企業精神政府的設計與限制」，行政院研考會與世新大學行政管理系及經濟系主辦，「建構企業型政府」學術研討會，1998 年 3 月 22 日。臺北：世新大學。

詹中原，1999，「國家競爭力與政府再造」，詹中原主編，《新公共管理－政府再造的理論與實務》。臺北：五南，頁 45-69。

趙永茂編，2018，《社會代議的崛起：臺灣政治與社會的平行發展》。臺北：翰蘆圖書。

齊濤，1997，「日本精國，東瀛大改造」，中央日報，1997 年 3 月 23 日，版 11。

歐斯本與蓋伯勒，1993，《新政府運動》，劉毓玲譯自 David Osborne and Ted Gaebler, 1992, Reinventing Government-How the Entrepreneurial Spirit Is Transforming，The Public Sector（Reading, Mass：Addison-Wesley）。台北：天下文化。

蔡政修，2019，「一帶一路上的美中角力：全球網路文化的權力觀點」，《遠景基金會季刊》，第二十卷第一期，頁 1-60。

鄭必堅，2003，「中國和平崛起的新道路和亞洲的未來」，《學習時報》，11/3。新浪網，網址:http://news.sina.com.cn/c/2004-03-21/094521 00725s.shtml。

蕭全政，1989，《台灣地區的新重商主義》。臺北：張榮發基金會國家政策研究中心。

蕭全政，1995，「行政院組織法變革與修訂」，蕭全政，1995，《台灣新思維：

國民主義》。臺北：時英出版社，頁 110-143。

蕭全政，1997a，「組織與制度的政治經濟分析」，《暨大學報》，第 1 卷第 1 期，頁 1-16。

蕭全政，1997b，「國家發展會議的定位與意義」，《理論與政策》，第 11 卷第 2 期，頁 3-14。

蕭全政，1998，「企業家精神與新政府運動」，《政治科學論叢》，第 9 期，頁 363-384。

蕭全政，1999，「政府再造與企業家精神」，《暨大學報》，第 3 卷第 1 期，頁 321-335。

蕭全政，2001，「臺灣威權體制轉型中的國家機關與民間社會」，中央研究院臺灣研究推動委員會主編，《威權體制的變遷：解嚴後的臺灣》。臺北：中央研究院臺灣史研究所籌備處，頁 63-88。

蕭全政，2003，「政府再造的基本精神：小而美或小而能？」，銓敘部主編，《行政管理論文選輯》，第十七輯。臺北：銓敘部，頁 401-409。

蕭全政，2004，「論中共的『和平崛起』」，《政治科學論叢》，第 22 期，頁 1-29。

蕭全政，2009，「行政院組織改造的部會架構評議」，《研考雙月刊》，第 33 卷第 3 期，頁 44-57。

蕭全政，2011，「行政院組織的發展與變革概況」，行政院研考會檔案管理局主編，《創新前瞻·繼往開來，行政院組織改造檔案專題選輯》。臺北：行政院研考會檔案管理局。

蕭全政，2012a，「戰後臺灣政府角色與行政院部會結構的變遷」，《檔案季刊》，第 11 卷第 1 期，頁 18-27。

蕭全政，2012b，「行政院組織改造之回顧」，《研考雙月刊》，第 36 卷第 2 期，頁 11-22。

蕭全政、管碧玲和江大樹，2001，「行政院組織調整芻議」，《政治科學論叢》，第 15 期，頁 191-208。

蕭全政等，2003，《健全地方自治圖貌》，內政部委託研究報告。臺北：內政部。

蕭全政等，2009，《3 都 15 縣政策規畫建議書》，內政部委託研究報告。臺北：內政部。

閻學通，1996，「二十一世紀的中國與亞太」，薛君度、陸忠偉編，《面向二十一世紀的中國周邊形勢》，北京：時事出版社，頁 313-330。

閻學通，2000，《美國霸權與中國安全》，天津：人民出版社。

謝志淵，2018，「美國『印太戰略』的機遇與挑戰——兼論對臺灣影響」，《海軍學術雙月刊》，第五十二卷第三期，頁 61-75。

魏啟林，1998，人力及服務再造推動計畫（草案）簡報。臺北：人事行政局。

關鍵評論網，2015，網址：https:image2.thenewslens.com/2015/04/%E4%B8%80%E5%B8%B6%E4%B8%80%E8%B7%AF.jpg。

蘇金錢山，1997，「論企業性政府」，《人力發展》，第 39 期，頁 25-36。

二、英文資料：

Allison, T. Graham. 2017. *DESTINED FOR WAR: CAN AMERICA AND CHINA ESCAPED THE THUCYDIDES TRAP?* Boston：Houghton Mifflin Harcourt.

Baker, James A., III. 1991. "America in Asia: Emerging Architecture for a Pacific Community." *Foreign Affairs.* 70(5)：1-18.

Block, Fred. 1977.*The Ruling Class Does Not Rule: Notes on the Marxist Theory of the State*,Socialist Revolution 7, no.3：6-8.

Cohen, Jean L. & Andrew Arato. 1992. *Civil Society and Political Theory.* Cambridge, Massachusetts：The MIT Press.

De Jouvenel, Bertrand. 1957. *Sovereignty: An Inquiry into the Political Good.* Chicago：The University of Chicago Press.

Fukuyama, Francis. 1992. *The End of History and the Last Man.* New York：Free Press.

Gilpin, Robert. 1987. *The Political Economy of International Relations.* Princeton, New Jersey：Princeton University Press.

Hamilton, Alexander. 1991. "Report on Manufactures", edited by Clyde V. Prestowitz, Jr., Ronald A. Morse, and Alan Tonelson. *Powernomics: Economics and Strategy after the Cold War.* Lanham, Maryland：Madison Books.

Hsiao, Hsin-Huang. 1989. Emerging Social Movements and Rise of a Demanding Civil Society in Taiwan. Paper presented in the Conference on Democratization in the Republic of China, held by the Institute of International Relations, National Chengchi University, and the Center of International Affairs, Harvard University, January 9-11, 1989. Taipei.

Huntington, Samuel P. 1996. *The Clash of Civilizations and the Remaking of World Order.* New York：Simon & Schuster.

Jones, R.J. Barry. 1986. *Conflict and Control in the World Economy: Contemporary Economic Realism and Neo-Mercantilism.* Great Britain：Wheatsheaf Books Ltd.

Kennedy, Paul. 1987. *The Rise and Fall of the Great Powers.* New York：Random House.

Kerr, George H. 1965. *Formosa Betrayed.* Boston：Houghton Mifflin.

Kuhn, S. Thomas. 1970, 2nd edition. *The Structure of Scientific Revolution.* Chicago：The University of Chicago Press.

Lukes, Steven.1974. *Power: A Radical View.* London：The Macmillan Press.

Lukes, Steven.2005, 2nd edition. *Power: A Radical View.* London：The Macmillan Press.

Mackinder, Sir Halford. 1904. "The Geographical Pivot of History", *The Geographical Journal,* vol. xxiii, pp. 421-444；2004. *The Geographical Journal,* vol. 170, no. 4, pp. 298-321.

Mackinder, Sir Halford. 1942. *Democratic Ideal and Reality: A Study in the Politics of Reconstruction.* London：Constable Publishers.

Mahan, Alfred T. 1890. *The Influence of Sea Power upon History.* Boston：Little, Brown, and Company.

Mahan, Alfred T. 1894. *The Influence of Sea Power upon the French Revolution and Empire.* Boston：Little, Brown, and Company.

Malloy, James M.1977. "Authoritarianism and Corporatism in Latin America：The Modal Pattern."In James Malloy, ed. 1977. *Authoritarianism and Corporatism in Latin America.* Pittsburgh: University of Pittsburgh Press.pp. 3-19.

Osborne, David and Ted Gaebler. 1992. *Reinventing Government: How the Entrepreneurial Spirit Is Transforming the Public Sector.* Massachusetts：Addison-Wesley Publishing Company.

Perlmutter, Amos. 1981. Modern Authoritarianism. New Haven: Yale University Press.

Rothschild, K. W., ed. 1971. *Power in Economics*. England：Penguin Books.

Schattschneider, E. E.1960. *The Semi-Sovereign People: A Realist's View of Democracy in America*. Hinsdale, Illinois：The Dryden Press.

Schumpeter, Joseph A. 1962. *Capitalism, Socialism and Democracy*. New York：Harper & Row.

Schumpeter, Joseph A. 1989. *Essays on Entrepreneurs, Innovations, Business cycle, and the Evolution of Capitalism*, edited by Richard V. Clemence. New Brunswick, New Jersey：Transaction Publishers.

Schumpeter, Joseph A. 1991. *The Economics and Sociology of Capitalism*, edited by Richard Swedberg. Princeton, New Jersey：Princeton University Press.

Shiau, Chyuan-Jenq. 1984. *The Political Economy of Rice Policies in Taiwan, 1945-1980*. Ph.D. Dissertation, the University of Pennsylvania. Philadelphia.

Skocpol, Theda.1979. *States & Social Revolutions*. Cambridge：Cambridge University Press.

Taylor, Frederick W. 1911. *The Principles of Scientific Management*. Published by the Author.；1919. New York：Harper & Brothers.

Weber, Max. 1992. *The Protestant Ethic and the Spirit of Capitalism*. New York：Routledge.

Winckler, Edin A. 1984. "Institutionalization and Participation on Taiwan: From Hard to Soft Authoritarianism?" *The China Quarterly* 99: 481-499.

Winckler, Edin A. 1989. Taiwan Politics in the 1990s: From Hard to Soft Authoritarianism. Paper presented in the Conference on Democratization in the Republic of China, held by the Institute of

International Relations, National Chengchi University, and the Center for International Affairs, Harvard University, January 9-11, 1989, Taipei.

文化思潮 201

臺灣政治經濟學：如何面對全球化在中美海陸爭霸的衝擊？

作　　者 — 蕭全政
副 主 編 — 謝翠鈺
校　　對 — 廖宜家
行銷企劃 — 江季勳
視覺設計 — 李宜芝

董 事 長 — 趙政岷
出 版 者 — 時報文化出版企業股份有限公司
　　　　　　108019台北市和平西路三段二四○號七樓
　　　　　　發行專線—(○二)二三○六六八四二
　　　　　　讀者服務專線—○八○○二三一七○五
　　　　　　　　　　　　(○二)二三○四七一○三
　　　　　　讀者服務傳眞—(○二)二三○四六八五八
　　　　　　郵撥／一九三四四七二四時報文化出版公司
　　　　　　信箱／一○八九九　台北華江橋郵局第九九信箱
時報悅讀網 — http://www.readingtimes.com.tw
法律顧問 — 理律法律事務所 陳長文律師、李念祖律師
印　　刷 — 勁達印刷有限公司
初版一刷 — 二○二○年五月一日
定　　價 — 新台幣三八○元
缺頁或破損的書，請寄回更換

時報文化出版公司成立於1975年，
並於1999年股票上櫃公開發行，於2008年脫離中時集團非屬旺中，
以「尊重智慧與創意的文化事業」為信念。

臺灣政治經濟學 / 蕭全政作. -- 初版. -- 臺北
　市：時報文化, 2020.05
　　面；　　公分. -- (文化思潮；201)
　ISBN 978-957-13-8183-1(平裝)

1.政治經濟學 2.臺灣

550.1657　　　　　　　　　　　　109004959

ISBN　978-957-13-8183-1
Printed in Taiwan